백제의 경제생활

●
●
●

양 기 석

주류성

백제의 경제생활

저   자 : 양 기 석
저 작 권 자 : (재) 백제문화개발연구원
발   행 : 도서출판 주류성
발 행 인 : 최 병 식
인 쇄 일 : 2005년 12월 7일
발 행 일 : 2005년 12월 14일
등 록 일 : 1992년 3월 19일 제 21-325호
주   소 : 서울특별시 서초구 서초동 1305-5 창람(蒼藍)빌딩

T   E   L : 02-3481-1024(대표전화)
F   A   X : 02-3482-0656
HOMEPAGE : www.juluesung.co.kr
E - M A I L : juluesung@yahoo.co.kr

값 9,000원

본 역사문고는 국사편찬위원회를 통한 국고보조금으로 진행되는
3개년 계획 출판사업입니다.

▲ 먹실유적에서 출토된 토기들(기전문화재연구원)

▲ 기안리 유적 전경(기전문화재연구원)

▲ 4~5세기 백제시대 대규모 밭유구, 화성 동탄 먹실유적(기전문화재연구원)

▲ 기안리 유적 출토 송풍관(기전문화재연구원)

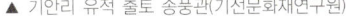

▲ 대전 용산동 백제 토광묘(중앙문화재연구원)

▶ 먹실유적 지하 저장고의 토기모습 (기전문화재연구원)

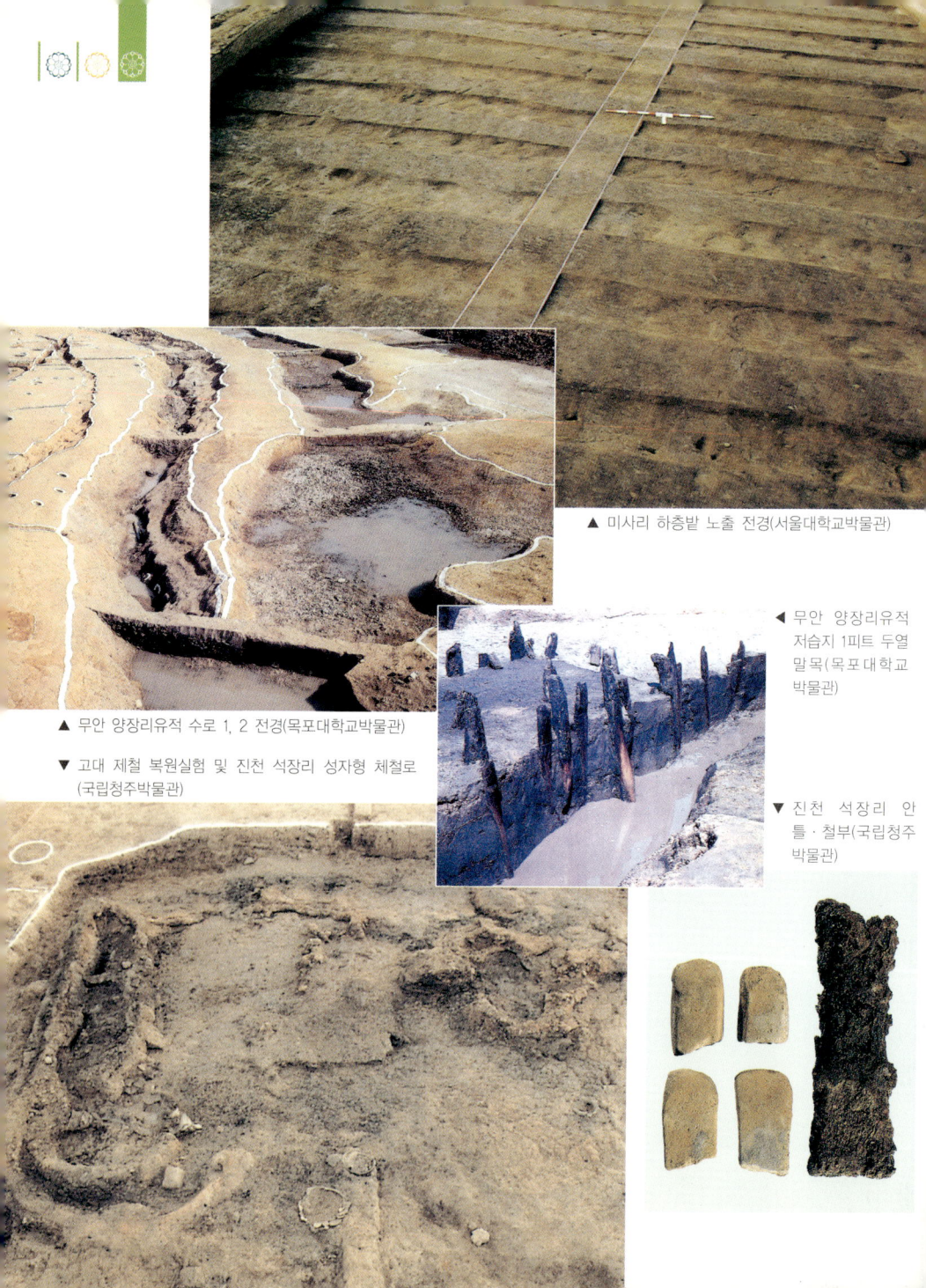

▲ 미사리 하층밭 노출 전경(서울대학교박물관)

◀ 무안 양장리유적 저습지 1피트 두열 말목(목포대학교 박물관)

▲ 무안 양장리유적 수로 1, 2 전경(목포대학교박물관)

▼ 고대 제철 복원실험 및 진천 석장리 성자형 체철로 (국립청주박물관)

▼ 진천 석장리 안 틀 · 철부(국립청주 박물관)

▲ 금산 백령산성에서 발굴된 지하 저수조.(충남역사문화원)

◀ 무안 양장리 유적 전경
(목포대학교박물관)

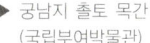
▶ 궁남지 출토 목간
(국립부여박물관)

▲ 무령왕릉에서 출토된 지석(앞면, 국보 163호), 매지권(앞면, 국립공주박물관)

▲ 부여 능산리 동라성 주변발굴에서 출토된 오수전

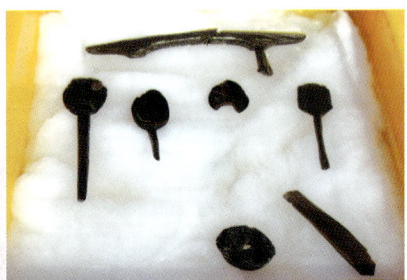

▲ 오수전과 같이 출토된 토기(아래)와 목기(위)

▼ 능산리 동라성 주변발굴에서 백제시대 도로와 논·밭유구가 당시 경제생활을 잘 보여주고 있다.((재)충청문화재연구원)

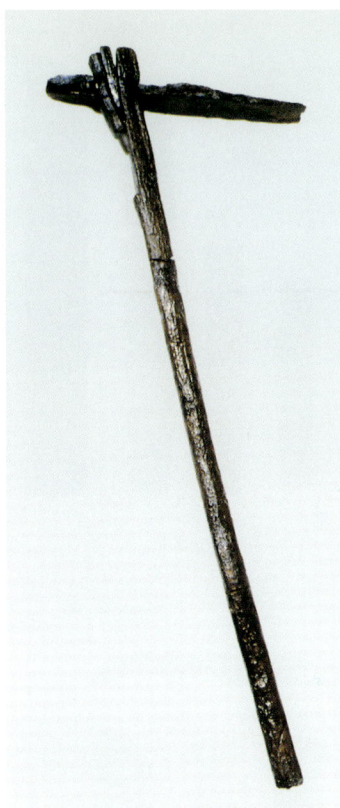

▲ 목제괭이(국립광주박물관)

▲ 괭이자루(국립광주박물관)

◀ 목제괭이 및 괭이 미성품(국립광주
　박물관)

▲ 직병부괭이(국립광주박물관)

▼ 농경문청동기(앞, 국립중앙박물관)

▼ 농경문청동기(뒤, 국립중앙박물관)

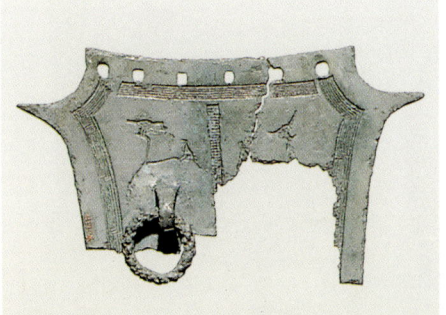

▼ 청주 신봉동 · 청원 주성리 살포(국립청주
박물관)

▲ 발화막대집(국립광주박물관)

▲ 발화구(국립광주박물관)

▲ 청주 신봉동 쇠농공구(국
립청주박물관)

▲ 발화막대(국립광주박물관)

▲ 낫(국립부여박물관)

▲ 연산 표정리 철제농공구(국립부여박물관)

백제의 경제생활

머리말

경제란 인간이 공동생활을 하는 데에 필요한 재화를 획득·이용하는 활동과정에서 이루어지는 기본적인 사회관계를 말한다. 그래서 개인은 물론 개개의 집단이나 국가도 경제활동의 주체가 되는 것은 물론이다. 한 국가에서의 경제는 국가 재정에 일정한 수취 질서와 절도를 유지시키는데 필요한 요소이기도 하다. 또한 공권력을 배경으로 하는 징세권을 통해 국가 체제를 유지시키는 기능을 지녔기 때문에 국가와 경제의 관계는 매우 밀접하다고 볼 수 있다. 시기에 따라 경제 관계는 달리 나타난다. 이는 토지 소유 형태와 생산 관계에서 비롯된 현상일 것이다. 고대 사회에서는 토지와 생산수단을 가진 지배자가 인간을 지배하면서 물질적 가치를 창출하는 양상을 보인다. 이런 면에서 볼 때 한 국가의 경제 구조를 밝히는 일은 인간 역사의 진솔한 삶의 모습을 계기적으로 규명하는 관건이 될 수 있다.

지금까지 백제사 연구는 1980년대 중반 이후부터 고고학적 자료의 증가와 새로운 연구 방법론의 도입으로 인하여 질적 양적으로 많은 성과를 거두었다. 백제의 경제 문제와 관련하여 생활유적인 주거지는 물론 고대의 농경과 관련한 논과 밭유구, 그리고 농토목용구 및 수리 관개시설 등에 관한 새로운 자료들이 고고학적 발굴조사를 통해 속속 학계에 보고되었다. 이에 따라 종래 자료의 절대 부족으로 인하여 부진을 면치 못하였던 백제의 경제생활 모습의 단편상이 우리에게 보다 뚜렷한 모습으로 다가오고 있는 것이다. 특히 광주 신창동유적, 무안 양장리유적, 하남 미사리유적, 부여 궁남지유적 등지에서 출토된 비중 있는 농경 관련 유적과 유물들은 백제인들의 삶과 물질 문화의 일면을 밝히는데 큰 단서를 제공할 정도의 중요한 자료로 평가된다.

그러나 1990년대 이래 농경과 관련된 고고학 자료들이 다소 조사되기는 하였지만, 아직 양적으로 적을 뿐 아니라 개별 유물에 대한 세밀한 분석과 편년 문제는 숙제로 남아 있다. 그리고 관련 자료 해석상의 문제 및 다른 지역과의 비교 관점에서의 보다 심층적인 연구를 필요로 하기 때문에 아직 일반적인 이해 수준으로 끌어올리기에는 한계가 있다 할 것이다.

아울러 경제 분야는 역사학과 고고학은 물론 농생물, 지질, 기후, 농기구, 금속, 직물 등의 학제 간의 긴밀한 교류와 접목을 필요로 하고 있다. 그럼에도 불구하고 백제의 경제 연구는 지금까지 정치사·문화사·대외관계사 등에 치우친 백제사 연구를 한 단계 진전시켜 균형적인 백제사의 정립은 물론 한국 고대사의 체계를 이루는데 한 축을 담당할 것이다.

이 책은 기존의 연구 성과와 새로 발굴조사된 자료를 바탕으로 하여 백제의 토지제도 및 조세제도, 그리고 농업과 수공업을 포함한 백제의 경제생활의 이모저모를 알기 쉽고 체계 있게 살펴보기 위해 마련한 것이다.

제1장에서는 당대의 기간산업이라 할 수 있는 백제 토지경제의 변화상을 백제국가의 형성과 발전과정과 관련하여 살펴보았다. 이를 위해 지배층의 토지 지배 유형과 성격상의 변화를 검토하였고, 이어 농민들의 토지소유문제를 농업 생산력 발전과 관련하여 그 변화된 양상을 고찰하였다. 제2장에서는 백제 재정의 근간이 되는 조세제도를 살펴보았다. 백제의 세제는 어떠한 종류가 있었으며 또 수취기준은 무엇이며, 백성들의 조세부담의 실상은 어떠하였는가에 대하여 검토하였다. 제3장에서는 백제의 물질 문화의 토대가 되는 농업, 수공업, 상업과 대외교역 등 산업 일반에 대하여 살펴보았다. 이를 위해 먼저 백제의 수전개발과 농법 개선 및 수리 관개시설의 정비 등을 통해 4세기 이후 백제의 농업 생산력이 어떠한 수준으로 발전하게 되었으며, 그 성장 배경은 무엇인가? 그리고 백제 농업의 특징은 무엇인가 등에 대하여 검토하였다. 이어 백제의 관영수공업의 성장과 경영 형태, 민간수공업의 성장 및 각종 수공업기술의 발전상황을 고찰하였고, 끝으로 상업과 대외교역을 통해 백제국가가 경제력 확보를 위해 노력하는 일면에 접근해 보았다.

이 책을 통해 문헌 중 1차 사료에 나타나는 백제 농업 및 산업 등 경제활동에 대한 기록이 전반적으로 정리될 것이다. 이를 통하여 백제의 전반적인 경제상이 대략적이나마 체계화될 것으로 기대한다. 그리고 지금까지 단편적으로 조사된 백제시기 농업 및 산업관련 고고학자료가 체계화되어 이 지역의 경제가 갖는 백제사상 위치와 백제 경제의 수준이 어느 정도 파악되리라 기대한다. 또한 백제 경제생활의 일면을 정리함으로써 백제사에 대한 관심과 이해는 물론 우리 역사에 대한 자긍심을 갖게 해줄 것으로 기대된다.

　필자는 1995년 국사편찬위원회에서 『한국사』 6권의 '백제의 경제 구조'를 집필한 연고로 인해서 이 책을 쓰게 된 것으로 생각한다. 이 책을 쓰면서 이 방면의 연구 성과를 정리하고 체계를 세우는 일은 거의 필자의 능력 밖의 일이 아니었나 생각된다. 그때나 지금이나 관련 자료 부족이라는 핑계 이외에도 경제에 대해서는 너무 무지한 부분이 많았다. 어느 경우에는 용어 자체도 생경하게 인식되는 상태에서 겁 없이 함부로 덤빈 꼴이 되지 않았나 하는 자괴심이 앞서는 것이 솔직한 심정이다. 그래도 선학 여러분들의 개척적인 연구에 힘입어 미흡하나마 책을 완성시킬 수 있었다. 이 점 지면을 빌어 감사드리는 바이다. 앞으로 이 방면에 대한 분야별 연구 성과가 많이 축적되어 새로운 백제 경제사가 더욱 발전된 모습으로 출간되기를 기원한다.

　끝으로 백제사 연구의 활성화를 위해 이 책의 출간을 기획하고 물심 양면으로 많은 도움을 주신 백제문화개발연구원의 조부영 원장님, 그리고 원고가 늦었는데도 인내심을 갖고 격려해 주신 신병순 사무국장

님을 비롯한 연구원들에게 감사를 드린다. 또한 이 책의 편집과 교정
및 출판을 정성껏 일구어낸 주류성의 최병식 사장과 직원들에게 고마
운 마음을 전한다.

2005년 10월

양 기 석 識

차 례

차 례

백제의 토지제도

　우리나라 전통사회에서의 농업은 '천하의 대본(大本)'이란 말이 보여
주는 것처럼 여러 산업뿐 아니라 사회 모든 일상에 깊은 영향을 미쳐
왔다. 따라서 토지는 농업 생산의 물질적 토대이면서도 사람들에게 의
식주를 보장해 주는 중요한 수단으로 인식되어 왔으며 전근대사회에서
가장 중요한 경제적 부의 기반으로 자리하여 왔다.

　원시공동체사회에서 토지는 원래 하늘이 준 선물로 인식되었기 때문
에 씨족이나 부족원들이 공동으로 소유하였다. 생산의 목적은 공동체
의 생존을 위한 것이었기 때문에 모두가 공동으로 이루어졌다. 노동활
동은 물론 생산도구 역시 공동으로 소유한 가운데 생산물도 공동으로
분배되었다. 아직 생산력의 수준이 낮은 단계여서 먹고 남는 잉여생산
물은 존재하지 않았다.

　그러나 인간의 생활이 점차 목축·농업경제로 이행하면서 석기 및 목
기가 등장하였다. 특히 철기로 이어진 생산도구의 발전은 많은 잉여생
산물 발생을 부추겼다. 이에 따라 공동체 구성원들은 토지와 같은 중요

한 생산 수단을 차지하기 위하여 생산 수단을 가진 지배계급과 그렇지 못한 피지배계급으로 나누어 심한 갈등을 일으키는 계기가 되었다. 이러한 갈등과정을 거치면서 그 생산 방식은 점차 공동 생산에서 개별 생산으로 이행하게 되었다. 마침내 사유재산제도를 발생시키는 결과를 가져왔다. 처음에는 농기구·가축 등 동산의 소유에서 시작하여 점차 부동산 특히 토지를 사적으로 소유하는 현상이 가능하게 되었다. 이와 함께 생산의 불균등, 경제적 불평등을 초래하여 사회적 계급과 정치권력이 발생하는 결과를 낳게 되었다. 이러한 과정을 통하여 공동체적 소유에 기초한 원시공동체사회는 무너지고 사적 소유의 물질을 기초로 한 고대국가를 성립하기에 이른 것이다.

고대국가 초기 단계에 들어와서는 국왕을 비롯한 왕족, 중앙의 귀족, 호민(豪民)과 하호(下戶)를 포함한 평민·노비·천민층으로 사회계급의 분화가 이루어졌다. 그 가운데 왕족과 귀족, 호민층은 생산 수단인 토지와 노비의 소유자로서 지배계급을 구성하였다. 이와는 달리 하호와 노비는 직접 생산자로서 피지배계급을 이루었다. 이러한 사회계급 분화는 생산관계를 둘러싼 인간 사이의 불평등한 관계에서 비롯되었다. 그러나 귀족과 호민에 의한 토지소유, 하호와 노비에 의한 농업 생산이라는 기본적인 틀은 변하지 않고 유지되었다.

백제의 토지제도가 국가적인 차원에서 정비된 것은 4세기 후반의 일로 보인다. 영역의 확대와 더불어 통치체제가 정비되면서 기존의 소국이나 읍락의 재지적 기반은 해체되었다. 담로(檐魯)라 불리우는 새로운 지방통치체제를 갖추어 나가기 시작하였다. 이러한 과정에서 국가는 각 지방에서 나는 소출을 파악하고, 아울러 국가적인 차원에서 토지제도를 정비하여 일원적인 수취체계를 마련하게 되었다.

1. 지배층의 토지지배 유형과 성격

백제의 토지제도는 관련 사료가 절대 부족하여 그 실체를 파악하기는 어려운 실정이다. 다만[1] 『삼국사기(三國史記)』 백제본기에서는 토지 수확물에 대해 일정한 권리를 인정해 주는 전조권(田租權)을 수여한다든가[2] 또는 국가에 공로가 있는 중신들에게 일정지역에 대한 수취권을 부여하는 식읍(食邑) 지급에 관한 내용들이 단편적으로 나온다. 이를 통해 확인되는 토지의 종류는 국유지와 사유지, 촌락공유지 등으로 구분할 수 있다. 국유지에는 국가와 왕실에서 관리하는 토지가 주류를 이루었고, 사유지는 귀족과 농민들이 개별적으로 소유한 토지들로 구성되어 있었다.

1) 국가와 왕실의 보유지
백제 지배층이 소유한 토지의 유형 가운데는 국가나 왕실에서 보유했던 토지가 대부분이었다. 백제는 주변의 여러 나라와 전쟁을 치르는 과정에서 새로 획득된 영토는 우선적으로 국가나 국왕의 직할지로 귀속되었다. 『삼국사기』 백제본기에 사냥터로 나오는 서해대도(西海大島 :

지금의 강화도), 횡악(橫岳 : 지금의 북한산), 구원(狗原 : 지금의 경기도 양주 풍양) 등은 왕실의 직할지였을 것으로 생각된다.

그밖에 왕릉·궁궐·제단 등 지배층의 주요 시설물과 변경 요지의 군대에 부속되어 있는 토지도 광대하였을 것이다. 국가나 국왕의 소유가 뚜렷이 구별되지 않았던 당시에 국왕을 포함한 왕실에서는 왕토사상의 관념을 내세워 전국에 걸쳐 많은 토지를 소유했을 것으로 보인다. 여기서 왕토사상이란 모든 백성들과 토지는 국왕에 속한다는 『시경』에 나오는 고전적 사상으로서 어디까지나 관념적인 얘기일 뿐 실제로는 백성들이 많은 사유지를 갖고 있었다. 백제에서는 국가에서 귀족들에게 어떠한 명목으로 어떻게 토지를 지급했는가에 대해서는 관련 기록을 찾을 길은 없다. 그러나 고구려와 신라의 경우를 참고해 볼 때 귀족들의 경제적 기반 확립과 공적에 대한 포상의 일환으로 곡물이나 수취권 이외에 특수한 경우 고구려나 신라처럼 사전(賜田)을 내리는 경우도 있었을 것이다.

이러한 국가와 왕실의 보유지는 어떠한 방식으로 경영되었는지에 대해서는 알려져 있지 않다. 왕실의 보유지는 후대 고려의 경우처럼 전국에 걸쳐 분포하였고, 면세·면역의 특권이 주어진 토지였을 것이다. 이 토지는 고구려 〈광개토왕릉비〉의 수묘역(守墓役)의 예에서 보듯이 주로 일반 농민들과 노비노동에 의해 경작되었을 것이다. 그리고 왕실 보유지를 효율적으로 관리하기 위해 국왕 직할의 행정부서를 설치·운영하였는데, 사비시대의 성왕대(聖王代 : 523~554)에 설치한 곡부(穀部)가

바로 이러한 업무를 담당했을 것으로 짐작된다.[3] 곡부는 22부사 중에서 궁내부(宮內府)에 속한 관서로서 서열이 전내부(前內部) 다음으로 중요한 위치를 차지하였다. 여기서는 왕실에서 필요한 곡물의 조달과 전국에 산재한 왕실 소유의 땅을 경작·관리하는 일 등을 맡았을 것이다. 사비시대에 이르러 왕실 관할의 토지가 행정적으로 체계를 갖추어 관리한 사실을 보여주고 있다.

한편 백제는 정복활동이 진전됨에 따라 백성들을 다른 지역으로 이주시키는 사민정책과 개척사업을 활발히 펼쳤다. 예컨대 의자왕대(義慈王代 : 641~660)에는 신라의 대야성(大耶城 : 지금의 합천)을 빼앗고, 그 지역 주민 1,000여 명을 서쪽 지방으로 사민시킨 사례가 있었다.[4] 백제가 도읍지를 웅진과 사비로 각각 천도하였을 때에도 많은 사민이 행해졌을 것이다.[5] 이렇듯 전쟁을 통해 새로 획득한 영토나 또는 개간된 토지에는 많은 백성들이 사민되어 새로운 정착지로 만들어 나갔을 것이다. 신라가 소경을 설치할 때의 사례에서 보듯이 귀족과 호민(豪民)들을 비롯하여 많은 백성들이 함께 출신지역을 떠나 강제 이주되는 경우가 있었던 것이다. 이러한 사업을 통해 귀족들은 새로 획득한 영토나 미개발 지역에 이주하여 새로운 토지를 개간하고 소유함으로써 식읍이나 사전 등과 함께 대토지를 소유하게 되는 계기가 되었음은 물론이다.

그밖에 백제는 침류왕대(枕流王代 : 384~385) 이후 불교가 국가의 공인과 보호 아래서 '승려와 사탑이 대단히 많았다'[6]라고 할 정도로 크게 번창하였다. 이에 따라 사원은 왕실과 귀족의 적극적인 후원에 힘입어 많은 토지와 재화를 소유하게 되면서 대토지 소유자로 등장하였다. 『일본서기』에 의하면 성왕의 뒤를 이어 즉위한 위덕왕(威德王 : 554~598)이 관산성(지금의 옥천) 전투에서 패사한 부왕 성왕의 죽음을 애통히 여겨 출가를 결심하였으나, 결국 원로 대신들의 반대로 100명을 출가시키고 공덕재를 베풀었다는 기사가 참고된다. 그리고 〈창왕명석조사리감명문(昌王銘石造舍利龕銘文)〉에서 보듯이 위덕왕의 누이동생이 부여 능산리의 능묘역에 자리한 왕실의 원찰에다가 사리를 봉안한 사례도 있다. 위와 같은 공덕재나 사리 공양 등을 통해 사찰에서는 많은 재화는 물론 토지와 노비 등을 시주 형태로 받는 경우가 있었다. 이를 통해 사원은 왕실이나 귀족들처럼 많은 노비는 물론 토지를 소유하는 주체가 되었다. 사원에 속한 토지는 일차적으로 해당 사원에서 관리하였지만, 왕실의 경우 국왕 직할의 행정 부서를 만들어 효율적으로 관리하였다. 성왕 때에 설치한 국왕 직속의 내관 12부서 가운데 왕실의 불사(佛事) 업무를 관장하는 공덕부(功德部)가 왕실의 원찰에 노비와 함께 많은 토지를 시납 관리하는 일을 담당했을 것이다.

2) 식읍(食邑)

식읍으로 지급된 지역의 토지는 원래 국가나 왕실의 보유지였으나, 귀족이나 관리들이 국가로부터 수취권을 위임받아 행사할 수 있는 점에서 일단 사유지적 성격을 갖는다. 식읍은 뛰어난 훈공이 있는 왕족이나 척신·공신 등 공로를 세운 고위 귀족들에게 경제적 반대급부로서 지급한 일종의 경제적 특혜라 할 수 있다. 이 제도는 중국 주(周)나라의 봉건제도 아래서 왕족과 공신에게 분봉하던 봉토(封土)에 기원을 둔 것으로서, 우리나라의 경우 삼국이 모두 채용하였다.

백제가 식읍을 지급한 사례로는 의자왕이 왕서자(王庶子) 41인에게 좌평 신분과 함께 식읍을 지급한 사례[7]가 있으며, 그밖에 흑치상지(黑齒常之)나 계백(階伯)의 경우도 식읍을 받았을 것으로 추정된다. 예컨대 〈흑치상지묘지명(黑齒常之墓誌銘)〉에서 흑치상지(黑齒常之)의 조상이 흑치지역(지금의 예산·덕산지역[8])에 봉함을 받았던 사실과 계백의 조상이 개백현(皆伯縣 : 지금의 고양시 행주)지역과 관련을 가진 점 등이 참고된다. 중국사서인 『남제서(南齊書)』 백제전에는 백제 동성왕이 남제 황제에게 국서를 보내어 공로가 있는 백제 중신들에게 관작을 제수해 달라고 요청하는 기사가 보인다. 여기에 나오는 '매라왕(邁羅王)', '벽중왕(辟中王)'이란 작호에서 보듯이 백제의 중신들이 어떤 공로의 대가로 왕(王)·후(侯)호를 수여받은 것으로 나타나는데, 그 작호의 앞에 붙여진 지역 명칭은 아마 작호를 수여받은 사람들의 식읍지역과 관련한 것으로 보인다. 이러한 사례를 통해 볼 때 백제의 식읍은 처음에는 일정지역이 수여되었으나, 무령왕대(武寧王代 : 501~523) 이후 군호제(君號制)로 개편되면서 그 수여 방식이 점차 봉호수(封戶數)를 정하여 수여하는 형태로 전환되었을 것으로 추정된다.[9]

백제의 식읍에 관한 구체적인 내용이나 성격은 알 수 없지만, 대체로 고구려나 신라의 예와 거의 비슷하였을 것으로 추측된다. 고구려의 경우 신대왕(新大王) 8년(172)에 명림답부(明臨答夫)가 좌원(坐原)과 질산(質山)을 식읍으로 수여받은 이래 3세기 중반까지 거곡(巨谷)·청목곡(靑木谷)·압록곡(鴨淥谷)·두눌하원(杜訥下原)·곡림(鵠林) 등을 식읍으로 수여한 사례가 있다. 이처럼 고구려는 모두 공로가 인정된 고위 귀족들에게 일정한 지역을 식읍으로 지급하였음을 알 수 있다. 신라의 경우 7세기 후반 삼국 통일의 공으로 김유신(金庾信)에게 식읍 500호를,[10] 김인문(金仁間)에게는 두 차례에 걸쳐 300호와 500호를 각각 수여하였다. 그런데 김인문이 수여받은 식읍 500호는 옛 대각간(大角干) 박유(朴紐)의 식읍지였던 것이다.[11] 그리고 원성왕(元聖王 : 785~798)의 즉위와 관련하여 왕위 계승에서 패퇴했던 김주원(金周元)이 명주 관하의 익령현(翼嶺縣 : 지금의 양양), 삼척군(三陟郡), 근을어현(斤乙於郡 : 지금의 평해), 울진군(蔚珍郡) 등 동해안 지역의 여러 군현에 걸쳐 식읍을 받은 것으로 되어 있다.[12]

이와 같이 식읍은 처음에는 일정한 지역을 식읍으로 수여하였으나, 점차 중앙집권체제의 강화와 함께 봉호(封戶)의 수로 정하는 방식으로 전환한 것 같다. 그 대상지역은 일정지역 내에서 일부 토지에 설정되었는데, 김주원처럼 여러 군현에 걸쳐있는 경우도 있었다. 식읍의 지배형태는 국가에서 지정한 일정한 지역이든 봉호수이든 간에 해당 지역민들을 대상으로 전제[租]·공물세[調]·역역(力役)의 부세를 직접 지배하고 수취하는 형태였다.[13] 그리고 김인문이 박유(朴紐)의 식읍을 이어받았던 것처럼 그 세습은 원칙상 허용되지 않았던 것 같다. 그러나 경우에 따라서는 세습이 되는 경우도 있어서 식읍은 고위 귀족들의 대토지 사유화의 한 수단으로도 활용되기도 하였다. 신라 말의 성주산문(聖住山門)의 터였던 충남 보령 성주산 일대가 김흔(金昕) 등 김인문 가계에 의해 계속 점유되어 온 사례에서[14] 볼 때 식읍이 경우에 따라서는 세습되어 식읍주들의 사적인 경제기반을 구축할 여지가 많았을 것으로 보인다.

이와 같이 식읍은 고위 귀족들에 의한 대토지 사유화의 한 수단이 되었음은 물론 식읍지배를 통해 우리나라 토지제도사상 수조권 분급의 한 연원을 이루었다는 점에서[15] 그 의미를 찾을 수 있다.

3) 귀족의 보유지

일반 귀족들은 정례적으로 국가로부터 어떤 형태의 토지를 지급받았는지에 대해서는 관련 사료가 없어 알 수 없다. 귀족들은 그들이 보유하였던 토지 이외에 식읍이나 사전, 개간, 탈점 등 합법적이거나 불법적인 방법으로 대규모 사유지를 소유한 주체들이었다. 귀족들은 합법적으로 국가에서 토지를 지급받는 일 이외에 고구려 고국천왕(故國川王 : 179~197) 때 왕의 인척인 어계류(於界留)와 좌가려(左可慮)의 경우처럼 자녀와 전택(田宅)을 마구 빼앗거나,[16] 생산수단을 과점하는 등 비합법적인 방법을 통해 대토지를 소유하고 경제적인 부를 집적시켜 나가기도 하였다.

그밖에 어떤 특별한 공로를 세울 때마다 곡물이나 전쟁의 수확물을 수여받아 경제적 기반을 확충한 사례가 보이는데 관련 기사를 보면 다음과 같다.

(온조)왕이 기병 1천 명을 거느리고 부현(斧峴) 동쪽에서 사냥하다가 말갈 적을 만났다. 한번 싸워 격파하고, 생구(生口)를 사로잡아 장수와 군사들에게 나누어주었다. (『삼국사기』 백제본기, 온조왕 22년 9월)

서부 사람 백회(苩回)가 흰 사슴을 포획하여 바쳤다. (초고)왕이 상서롭다고 하여 곡식 100섬을 주었다. (앞의 책, 초고왕 48년 추 7월)

고구려왕 사유(斯由, 고국원왕)가 보병과 기병 2만 명을 거느리고 치양(雉壤)에 와서 진을 치고는 군사를 나누어 민가를 약탈하였다. (근초고)왕이 태자를 보내 군사를 거느리고 지름길로 치양에 이르러 고구려 군사를 급히 쳐서 깨뜨리고 5천여 명을 죽이거나 사로잡았는데 그 노획한 적들은 장수와 군사들에게 나누어주었다. (앞의 책, 근초고왕 24년 추 9월)

장군 윤충(允忠)을 보내 군사 1만 명을 거느리고 신라의 대야성을 공격하였다. … (의자)왕은 윤충의 공로를 표창하여 말 20필과 곡식 1천 섬을 주었다. (앞의 책, 의자왕 2년 8월)

위 사료에서 보듯이 백제는 말갈, 고구려, 신라와의 전투에서 공을 세웠을 때 노획한 포로와 함께 말과 곡물을 지급하는 경우가 있었음을 알 수 있다. 그밖에 흰 사슴과 같은 상서로운 짐승을 바친 경우 충성의 대가나, 왕을 옹립한 공로로 일정한 양의 곡물을 지급하였음을 알 수 있다.

그런데 백제는 고구려나 신라에서처럼[17] 어떤 특별한 공로가 인정될 때마다 유공자에게 국가가 토지 자체를 지급하는 사전(賜田)의 형태는 기록에 보이지는 않다. 대신 수취된 조세미의 일부나 전쟁 포로와 말 등을 지급하는 것으로 되어 있다. 그러한 사례로서 다음의 기사가 참고된다.

전지왕 2년 가을 9월, 해충(解忠)을 달솔(達率)로 삼고 한성조(漢城租) 1천 석을 주었다. (『삼국사기』 백제본기, 전지왕 2년 추 9월)

위의 기사에서 해충(解忠)은 전지왕(腆支王 : 405~420)을 옹립하는 데 매우 중추적인 역할을 하였고, 그 공로로 한성조(漢城租)를 지급받은 것으로 되어 있다. 전지왕은 아신왕의 태자로서 왕위에 오르기 전에 왜에 청병 외교를 전개하기 위해 9년 동안 체류한 바 있었다. 396년 백제가 고구려 광개토왕의 침입으로 굴복하여 한때나마 고구려 세력권에 예속될 정도의 국가적 위기에 처해 있었다. 백제는 이를 타개하기 위하여 이듬해 태자 전지를 왜로 보내 정치적 군사적인 도움을 요청하고 나섰다. 전지는 이 일로 왜에 체류하다가 아신왕의 서거 소식을 접해 듣고서 귀국길에 오른 것이다. 이때 백제 조정에서는 태자가 없는 틈을 타서 전지의 동생인 혈례가 진씨 세력의 도움을 받아 왕위에 오르게 되자 한성인 해충(解忠)과 일부 왕족들이 이에 맞서 혈례의 왕위 찬탈을 분쇄하였다. 아신왕의 사후에 왕위계승을 둘러싸고 왕자들 간에 분쟁이 일어난 것이다. 이 분쟁에는 백제의 유력한 귀족세력인 진씨 세력과 해씨 세력이 가담하였다. 결국 해충으로 대표되는 해씨 세력과 여신(餘信)으로 대표되는 왕족들이 힘을 합하여 혈례와 그의 지지세력인 진씨 세력 등을 물리치게 되었다.

이러한 전지왕의 왕위계승분쟁에서 해충은 혈례의 책동을 분쇄하고, 왜로부터 귀국한 태자 전지를 옹립하는데 결정적인 역할을 한 인물이다. 따라서 해충은 단순한 군사적 공로나 상서로운 물건[瑞物]을 진상하는 일 등과 비견할 수 없을 정도로 막중한 공로를 올렸기 때문에 한성조 1,000석이라는 높은 경제적 대우를 받았다.

그러면 해충이 전지왕을 옹립한 대가로 지급받은 한성조의 성격은 무엇일까? 해충(解忠)은 일정지역의 토지를 지급받는 식읍이나 사전을 받은 것은 아니었고, 대신 한성지역의 조(租)를 받은 것으로 되어 있다. 여기서 조의 구체적인 내용은 알 수 없지만, 신라에서 녹봉의 성격으로 이해되는 세조(歲租)[18]와 같은 것이 아닐까 한다. 그런 점에 비추어 보면 해충은 출신지인 한성의 일정지역에 대한 직접적인 수취권을 수여받은 것이 아니라, 한성지역의 국가창고에 보관된 조세 수납미[19] 중에서 1,000석을 해마다 일정기간 동안 지급받은 것으로 볼 수 있다. 이는 왕을 옹립한 대가로 토지 소유주로부터 조세 명목으로 거둬들인 특정 지역의 전조[토지현물세]에 대한 권리를 분급해 준 것이고, 후대 녹봉제의 연원이라 할 수도 있을 듯하다.

이와 같이 백제는 국가에 대한 특별한 공로가 인정된 경우에 한하여 특정 지역의 전조에 대한 권리를 분급하였는데, 이는 후대 귀족관료들에게 분급한 수조권적 토지 지배의 연원이 되는 셈이다. 그 분급내용은 농민들로부터 수취한 일정한 양의 조세미를 유공자에게 일회적인 포상이나 또는 녹봉을 지급하였음을 알 수 있다. 이때에는 수시로 관등의 승급, 재화의 분급, 포로의 분배 등의 포상 행위가 함께 수반되기도 하였다.

이와 같이 백제는 전승, 상서로운 물건의 진상, 왕의 옹립 등과 같은 어떤 특별한 공로가 있을 경우, 그 유공자에게 일정지역의 조세미에 대한 부분적인 분급권을 수여한 것이다. 또한 왕실과 귀족 그리고 사원도 식읍을 비롯하여 사전, 기진과 기탁, 새로운 토지의 개간, 토지점탈 등 불법적인 방법으로 대토지를 사유화함으로써 지배층의 대토지 소유화가 진행되었다.

2. 농민의 보유지와 계층분화

1) 농민의 보유지

백제의 농민들은 조상 대대로 소유한 자영지 이외에 촌락민 전체로 경영되는 촌락공유지 등을 보유하고 있었다. 이들 토지는 대부분 사유지이었으며 원칙적으로 국가에 세금을 내는 수취대상이었다.

백제 초기에는 읍락 내의 공동체적인 유습에 따라 토지의 개별적 사유화 현상이 뚜렷하지 못한 상태에서 개별적으로 토지를 점유하는 상황이 나타났다. 그러나 국왕을 중심으로 통치조직이 정비되고, 철제로 된 농업토목용구가 사용됨에 따라 농업 생산력이 발전하는 가운데 토지의 사적 소유가 진전되었다. 이에 따라 경작지에 대한 공동체적 소유가 차츰 없어지면서 점차 개별적인 토지사유가 가능하게 되었다. 즉 〈영일냉수리신라비(迎日冷水里新羅碑)〉에서 절거리(節居利)라는 사람의 소유권을 공증해 준 사례나,[20] 또는 온달(溫達)이 평강공주(平岡公主)가 가져온 패물을 팔아 토지와 집, 소와 말 그리고 생활필수품을 마련한 신라와 고구려의 사례[21]에서 보듯이 백제도 토지의 사적 소유현상이 상당히 진전되어갔음을 추정해 볼 수 있다.

　백제의 경우 농민의 보유지는 8세기 중반경에 작성된 「신라촌락문서」에서 보듯이 전체 토지의 대부분을 차지하였을 것이다. 당시 신라 서원경과 인근 3개 촌락에는 연수유전답(烟受有田畓)이라는 농민 보유지가 있었는데, 전체 촌락 토지 면적 중 96.25%에 해당하였다. 그 중에는 국유지도 포함되었지만, 대부분 농민들이 매매·상속·양도 처분이 가능한 사유지였다. 『주서(周書)』 백제전에는 '도둑질하는 자에게는 장물의 두 배를 징수케 하였다'는 율령과 관련된 조항이 있다. 이를 통해서 볼 때 백제는 국가에서 토지를 포함하여 재화에 대한 사유권을 법적으로 보장하였음을 알 수 있다. 이 조항에는 국가가 농민의 토지소유를 사실상 인정하였음이 감지된다.

　또한 〈무령왕릉 묘지·매지권(買地券)〉을 통해서 백제는 무령왕(武寧王 : 501~523) 이전부터 농민들이 토지를 관행적으로 매매해 왔던 사실

무령왕릉 매지권(좌)과 묘지(우, 국보 163호)의 앞면(국립공주박물관)

도 엿볼 수 있다. 이 매지권은 을사년(乙巳年 : 526) 8월 12일에 영동대
장군(寧東大將軍) 백제 사마왕(斯麻王) 즉 무령왕이 전(錢) 1만 문(文)을
토왕(土王)에게 주고 토지를 매입하여 능묘를 만든 사실을 증명하기 위
해 작성된 것이다. 이에 의하면 무령왕은 3년전인 523년에 이미 죽은
것으로 되어 있다. 이 매지권에 보이는 토지매매는 물론 죽은 자와 지
하 세계의 토왕 사이에 이루어진 것으로, 도교사상과 관련 있는 것으로
이해된다.

  여기서 주목되는 것은 매지권의 내용 가운데 맨 마지막에 나오는 '不
從律令'이란 구절이다. 이는 사전적인 풀이로 '율령에 따르지 않는다'
는 의미를 갖지만, 어느 면에서는 백제사회의 토지매매 문제의 일면을
보여주는 좋은 사례로 여겨진다. '不從律令'이란 현실세계의 율령을 따
르지 않는다는 의미이고, 그 율령의 내용은 토지매매를 금지하는 것을

뜻한다.[22] 이를 통해 무령왕대를 전후한 시기에 백제는 율령에 의해서 토지매매를 강력히 금지시키는 조치가 시행되었음을 보여주고 있다. 이처럼 무령왕이 토지매매령을 제정한 주된 이유는 귀족들이 토지집적을 통하여 세력을 강화해 나가는 것을 억제하고, 아울러 농민들을 안정시키려는데 목적이 있었을 것이다.

이와 같이 백제는 6세기 이후 율령을 통해 농민들의 토지에 대한 소유권을 보호하고, 또한 토지매매를 금지하는 조치를 취하여 왕권과 국가 경제기반을 강화시키고 아울러 농민들의 안정적 기반을 마련해 나갔다.

다음으로 백제의 토지분급에 대한 문제를 살펴보자. 백제는 경작자인 농민들에게 구분전(口分田)과 같이 어떤 일정한 원칙을 가지고 토지를 지급하지는 않았을 것으로 짐작된다. 성왕 때 설치한 22부사 가운데 토지업무를 담당한 부서가 보이지 않는 점이나, 그리고 특별한 공로가 있는 귀족과 장군들에게 식읍이나 곡물 등을 수여한 사례를 통해 볼 때 포상의 일환으로 토지를 지급하지 않고 일정한 지역의 부세 수취권을 지급한 것으로 짐작된다. 농민들의 보유지는 원칙적으로 사유지였지만, 토지가 없는 일부 농민들에게는 생활 기반을 마련해 주기 위해 무령왕대의 경우처럼 국가에서 일정량의 토지를 분급하였을 가능성이 크다. 변경지역으로 사민되는 경우나 본적지에 귀농된 유민들[23] 그리고 토지가 없는 농민들에게 각각 안정된 생산 기반 위에서 정착성을 높이기 위해 국가에서는 일정량의 국유지를 이들에게 분급하였을 것으로 짐작된다.

여하튼 국가는 농민들의 오랜 관행인 토지의 개간·매매·상속 등에
대해 위의 무령왕의 조치처럼 특별한 경우를 제외하고는 크게 관여하
지 않았을 것으로 보인다. 국가는 국유지나 사유지든 소유권 여부와는
관계없이 경작자인 농민들을 대상으로 조세미와 역역을 수취하여 국가
의 재정원을 상시적으로 확보하고자 하였기 때문이다.

2) 농민의 계층 분화

4·5세기 백제의 농업 생산력이 철제 농기구와 영농법의 개선 등을
통해 꾸준히 진전됨에 따라 농업경영의 양상이 크게 변화되었다. 특히
소를 사용한 경작으로 토질이 개선되고, 노동력이 절감된 결과 농업경
영의 방식이 종래의 많은 노동력이 소요되는 집체적인 방식에서 벗어
나 점차 소농 중심의 농업경영 추세를 보이게 되었다.[24] 우경을 실시함
에 따라 개별 농가가 농업경영 단위로 성장하였다. 그리고 개별 농가의
토지소유가 촉진됨에 따라 농민들은 토지와 생산 수단의 소유 여하에
의해 사회 경제적으로 자영농민·무전농민·용작농민 등 다양한 계층
분화 현상이 나타나게 되었다.

이와 관련하여 개로왕대(蓋鹵王代 : 455~475)에 살았던 도미(都彌)라
는 한 농민의 이야기를 통해 5세기 후반의 백제 농민의 존재 양태에 대
하여 살펴보기로 하자.

도미는 백제 사람이다. 비록 호적에 편입된 소민이었지만(編戶小民) 자못 의리를

알았다. 그의 아내는 아름답고 예뻤으며 또한 절조 있는 행실을 하여 당시 사람들의 칭찬을 받았다. 개루왕(개로왕을 말함)이 이를 듣고 도미를 불러 더불어 말하기를, "무릇 부인의 덕은 비록 지조를 지키는 것을 앞세우지만 만약 그윽하고 어두우며 사람이 없는 곳에서 교묘한 말로 유혹하면 능히 마음을 움직이지 않는 사람이 드물다"하니 대답하였다. "무릇 사람의 정이라는 것은 헤아리기 어려운 것입니다. 그러나 저의 아내와 같은 사람은 비록 죽더라도 두 마음을 갖지 않을 것입니다." 왕이 이를 시험하여 보기 위하여 도미에게 일을 시켜 잡아두고는 한 명의 가까운 신하로 하여금 거짓으로 왕의 의복을 입고 말을 타고 밤에 그 집에 가게 하였다. 사람을 시켜 왕이 오셨다고 먼저 알리고 나서 그 부인에게 말하기를, "나는 오래전부터 네가 이쁘다는 소리를 들었는데 도미와 내기를 걸어서 이겼다. 내일 내가 너를 들여 궁인으로 삼기로 하였으니 지금부터 네 몸은 내 것이다." 드디어 난행을 하려 하자 부인은 말하였다. "국왕께서는 헛말을 하지 않을 것이니 제가 어찌 따르지 않으리요! 청컨대 대왕께서는 먼저 방에 들어가소서. 제가 옷을 갈아입고 들어오겠습니다." 물러나 계집종[婢子]을 번거롭게 치장시켜 바쳤다. 왕이 후에 속임을 당한 것을 알고는 크게 노하여 도미를 왕을 속인 죄로 처벌하여 두 눈알을 빼고 사람을 시켜 끌어내 작은 배에 태워 강에 띄웠다. 그리고 나서 그 아내를 끌어다가 강제로 음행을 하고자 하니, 그 부인은 말하였다. "지금 낭군을 잃었으니 홀로 남은 이 한 몸을 스스로 지킬 수가 없습니다. 하물며 왕을 모시는 일이라면 어찌 감히 어길 수 있겠습니까? 그러나 지금은 월경 중이라서 온 몸이 더러우니 청컨대 다음 날 목욕하고 오겠습니다." 왕이 이를 믿고 허락하였다. 부인은 곧바로 도망쳐 강어귀에 갔으나 건널 수가 없었다. 하늘을 부르며 통곡하니 문득 외로운 배가 물결을 따라 이르렀으므로 이를 타고 천성도(泉城島)에 다달아 남편을 만났는데 아직 죽지않은 상태였다. 풀뿌리를 캐 썹어 먹으며 함께 배를 타고 고구려의 산산(蒜山) 아래에 이르니 고구려 사람들이 불쌍히 여겼다. 옷과 음식을 구걸하며 구차히 살다가 나그네로 일생을 마쳤다.(『삼국사기』권 48, 도미열전)

위의 도미이야기 주제는 의리가 있는 도미(都彌)와 아름다운 용모에 정절 또한 높은 그의 부인이 잔학무도한 개로왕의 온갖 회유와 강압에도 불구하고 끝내 정조를 지키는 내용이다.

이 이야기는 어느 면에서 도미 자신보다도 정절이 높은 그의 부인에 초점을 두면서 무도한 개로왕과의 갈등이라는 대비과정을 통해 유교 도덕의 지고지선을 강조하고 있다. 그러면서도 고구려의 첩자 승려 도림(道淋)의 이야기를 통해 백성을 외면하고 무도한 짓을 일삼는 탐학무도한 군주는 반드시 패망하게 된다는 필연적 당위성을 내세우기도 하였다. 따라서 도미이야기는 작게는 도미부인의 숭고한 정절을 미화시킨 것이지만, 궁극적으로는 개로왕의 실정을 계감한다는 의도에서 만들어진 이야기로 이해된다.

위의 도미이야기에서 도미라는 백제시대의 한 농민의 사회경제적 지위를 나타내는 '편호소민(編戶小民)'은 무엇을 뜻하는 것일까? '편호소민'이란 사전적인 의미로 해석하면, '호적에 편입된 민'이란 뜻으로 풀이할 수 있다. 여기서 '민(民)'이란 존재는 피지배층인 일반 백성을 말하는 것이다. 후대의 법제사적 의미로 많이 사용되는 양인 백성에 해당하는 존재가 민이다. 그런데 백제가 이러한 일반 백성들을 편호하고 있는 점으로 보아 백제에서는 이들을 대상으로 호구조사를 실시하여 호적을 만들어서 파악하였음을 시사해 준다. 부여 궁남지에서 출토된 목간에는 '중구(中口)'와 '소구(小口)'와 같이 사비시대 호구를 파악하는 데 쓰여졌을 용어가 나타나 주목된다. 이를 통해 볼 때 백제에서는 연령에 의한 인구 파악 즉 호구제도가 실시된 일면을 보여주고 있는 것이다. 그리고 중(中)·소(小)라는 어떤 기준에 의해 호구가 몇 등급으로 나누어져 있었음을 시사해 준다. 그리고 백제 멸망 시 백제의 국세를 5부 37군 200성 76만 호로 언급한 기사를 통해서도 백제가 항례적으로 호구수를 파악하여 일반 백성들을 일정한 수취자원으로 편성하여 활용하였음이 쉽게 짐작된다.

  그러면 백제에서 일반 백성을 대상으로 편호한 기준은 무엇일까? 그 구체적인 기준은 사료의 제약으로 알 수 없지만, 주로 노동력 가용연령층인 인정(人丁) 수의 다과에 따라 호구를 몇 등급으로 나누지 않았을까 한다. 위 궁남지 출토 목간의 '중구(中口)'와 '소구(小口)'라는 기사라든가, 또는 『삼국사기』에 토지면적에 관한 기사보다는 주로 호구수가 기재되어 있는 점 등이 참고된다. 그리고 약간 후대의 일이지만, 「신라촌락문서」에서도 호등제의 편성 기준을 주로 인정수에 두었던 점에서 더욱 그렇다는 생각이 든다. 고대 사회에서는 시비법이 그리 발달하지 못하여 연작이 어려웠기 때문에 농업 생산력이 상대적으로 낮았다. 그리고 사회적 분업이 발달하지 못하였고, 부역노동이 차지하는 비중이 높았던 점도 중요한 요인으로 작용하였을 것이다. 이러한 사회 생산력의 한계로 말미암아 일정한 경지면적을 대상으로 세금을 걷는 것보다는 노동력 자원인 인정수를 기준으로 하여 수취하는 방식으로 편호하였을 것으로 짐작된다.

이상과 같이 '편호소민'이란 독립적인 자기 경리를 갖고 있는 양인농민에 해당하는 존재로서 인정수에 따라 호등제로 편성되는 세대를 뜻한다. 또한 국가 권력에 직접 귀속되어 조세·공물세·역역 등의 일정한 수취 의무를 부담하는 국가의 공민이라 할 수 있다.[25]

그러면 도미는 백제사회에서 어떠한 사회경제적 위치에 있었을까? 도미는 위의 기사에서 나타나듯이 단혼 소가족 농민으로서 얼마간의 토지를 소유한 주체이다. 아울러 농업경영의 주체인 도미는 국가에 대해 일정한 조세를 납부해야 하는 존재로 볼 수도 있다. 거기다가 노비를 부리고 살 만큼의 경제력을 갖고 있었을 뿐 아니라 약간의 학식과 의리나 절의를 지킬 줄 아는 덕목도 갖춘 인물로 이해된다. 도미는 아마 4~5세기 무렵으로 추정되는 하남 미사리 하층의 밭유구의 B-2호 움집의 소유자와 같은 존재인지도 모른다. 이 움집은 인접해 있는 다른 유구에 비해 규모가 크고, 주방시설을 비교적 잘 갖추었다. 더구나 그 주위에는 곡물을 갈무리하는 2개의 저장공을 두었다. 이 유구에서는 많은 토기와 철제 낫과 칼 그리고 화살촉이 발견되었다.[26] 이러한 미사리 움집 소유자는 철제 농기구와 새로운 농법을 적용하여 재생산의 기반을 갖춘 가운데 생산력 증대에 진력하였던 자영농민으로 볼 수 있다.[27] 당

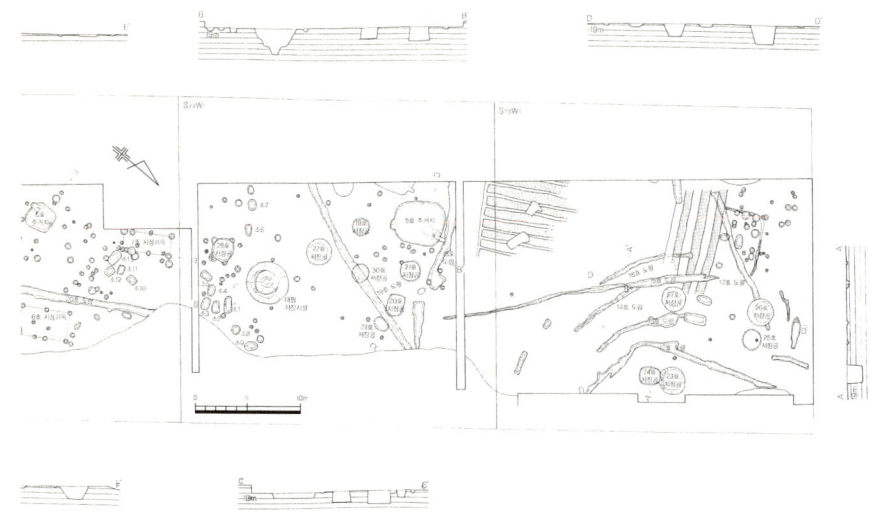

하남 미사리유적 B-가지구 유구 배치도(숭실대학교 박물관, 『미사리』 3권, 1994, 258쪽)

시 백제에서는 도미와 같은 자영농민들에 의해 경작되는 토지가 상당
한 부분을 차지하고 있었을 것이다.

　반면에 백제의 농민층 가운데에는 '가난하여 자립해 살 수 없는 자'[28]
로 표현된 빈한한 무전농민들도 존재하였다. 그들 중 군대복무의 여가
를 이용해 품을 팔았다는 신라의 진정(眞定)처럼[29] 용작농민(傭作農民)
의 존재도 상정할 수 있다. 그들 중 '유식자(遊食者)'로 표현된 부류들
은 공민 신분층의 말단에 위치했던 존재로서 유민(流民)의 뜻을 가진
자들이었다. 그들은 국가 공민으로서의 의무인 조세 징수와 역역 징발

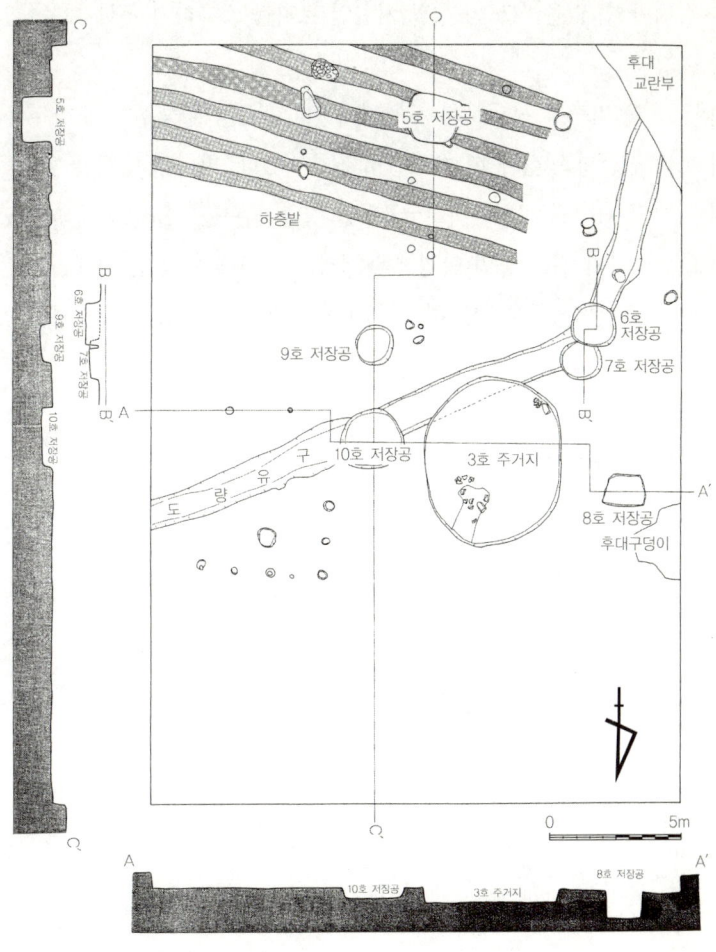

후대
교란부

5호 저장공

하층밭

9호 저장공

6호
저장공

7호 저장공

10호 저장공

3호 주거지

8호 저장공

후대구덩이

구　　　　유
도　　　　랑

C

C'

B

B

A

A'

A'

0　　　　　　5m

A

A'

10호 저장공

3호 주거지

8호 저장공

하남 미사리유적 B지구 3호 주거지 및 5~10호 저장공유구 배치도
(서울대학교 박물관, 『미사리』 4권, 1994, 200쪽)

을 감내할 수 없을 정도의 생활 기반인 토지를 소유하지 못한 계층이었다.

이러한 농민층의 사회분화는 자연재해나 귀족층에 의한 과도한 수탈과 토지 집적화 현상에 따라 부단히 진행되었다. 따라서 백제는 귀족들의 사적인 지배권을 억제하고, 국부를 창출하는 농민들을 국가의 공민으로 편제하기 위해 농민 안정책을 적극 펴나가게 되었다. 백제는 우선적으로 일반 백성들을 보호하기 위해 다음과 같은 각종 진휼정책을 펴나가기도 하였다.

가을에 곡식이 잘 익지 않았으므로 백성들이 사사로이 술빚는 것을 금하였다. 겨울 10월에 동부·서부의 두 부를 순행하며 위무하고, 가난해서 제 힘으로 살아갈 수 없는 자에게 곡식을 한 사람 당 두 섬을 주었다. (『삼국사기』 백제본기, 다루왕 11년)

봄과 여름에 가물었다. 겨울에 백성들이 굶주렸으므로 창고를 열어 진휼하고 또 일년간의 조(租)와 조(調)를 면제해 주었다. (앞의 책, 고이왕 15년)

봄에 비가 오지 않았는데 6월까지 계속되었다. 백성들이 굶주려 자식을 파는 자까지 있게 되었으므로 왕이 나라의 관곡을 내어 그것을 물러주었다. (앞의 책, 근구수왕 8년)

위 사료에서 보듯이 흉년이 들었을 때 사사로이 양조하는 것을 금지하든가, 또는 순행을 실시하여 빈궁한 이재민들에게 곡식을 지급해 주는 조치가 잇따르고 있음을 알 수 있다. 그러나 이러한 진휼정책은 근본적인 해결책이 되지 못하였기 때문에 일반 백성들이 무전농민이 되어 귀족들의 노비로 전락하거나 또는 신라의 효녀 지은(知恩)이처럼 다른 집에 고용되어 품팔이생활을 하는 용작농민의 처지가 되기에 십상이었다. 따라서 국가에서는 자연재해 등으로 생산기반을 잃은 농민들이 유망하거나, 또는 노비로 전락하는 것을 막기 위해서 백제는 고구려 고국천왕(故國川王 : 179~197) 때의 진대법(賑貸法) 실시에서 보듯이 귀족층의 사유지 확대를 억제하는 정책을 실시하였을 것이다.[30]

이러한 조치와 관련하여 주목되는 것이 무령왕이 실시한 일련의 경제기반 확대책이다. 무령왕은 경제기반 확대 조치의 일환으로 수리시설을 확충하고 유민들을 귀농시켜 농민들의 정착성을 높이는 시책을 펴나갔다. 이와 관련하여 무령왕 10년(510)에 실시한 다음의 시책이 참고된다.

봄 정월에 명령을 내려 제방을 튼튼하게 하고 중앙과 지방에서 놀고 먹는 자(遊食者)들을 몰아 농사를 짓게 하였다. (『삼국사기』 백제본기, 무령왕 10년)

임나의 일본 현읍에 있는 백제의 백성으로 도망하여 호적에서 빠진 3·4대 되는 사람들을 찾아내어 백제로 옮기고 호적에 넣었다. (『일본서기』 권 17, 계체기 3년 봄 2월)

위 기사에서 보면 무령왕은 먼저 경제 기반의 확충을 위해 제방 축조 및 정비와 같은 수리시설을 더욱 완비하는 일에 착수한 것이다. 무령왕이 이처럼 제방을 완비하게 한 조치는 백제의 경제적 기반을 확충하여 농민들의 재생산 기반을 확보해 주려는 의도에서 나온 것으로 이해된다. 백제는 한강유역 상실 이후 수리 관개시설의 확충을 통해 금강유역과 호남평야를 개발함으로써 농업 생산력을 증대시키고 나아가 국가의 물적 토대를 마련코자 했던 것이다.

다음으로 무령왕은 유민들을 귀농케 하여 이들을 강제로 출신지역에 정착시킴으로써 사회적 안정은 물론 농업 노동력의 확보를 도모하려는 시책을 펴나갔다. 이러한 유망민 쇄환책은 농촌지역을 떠나 유망생활에 나섰던 유식자들을 귀농케 하였다는 기사와 관련 있어 보인다. 위 기사에서 보듯이 백제인들이 정치적 혼란기나, 자연재해가 발생하였을 때 가야지역에 유망해 간 이들을 무령왕이 백제로 귀환시켜 농촌으로 돌려보내는 일련의 조치를 취한 것이었다. 그동안 유식하는 부랑민들은 가뭄이나 고된 역역 부담 등으로 인해 농토를 이탈하거나 또는 다른 나라로 유망해 간 부류들이었다. 유민들은 국가의 조세 수취나 역역 징발 대상에서 벗어나 있었기 때문에 그만큼 국가 재정을 어렵게 하였다. 그리고 사회 기반을 동요시키는 역기능을 초래케 하는 부류들이었기 때문에 이들 유식하는 부랑민들을 국내는 물론 멀리 가야지역에까지 대대적인 색출작업을 벌려 호적을 만들어 연고지나 일정지역에 거주케 한 것이다.

이러한 유민들의 귀농 조처는 곧 농업 노동력의 확보를 뜻하는 동시에 조세 징수 및 역역 징발의 수취기반을 확대하는 것으로 이해된다. 무령왕대의 제방의 축조와 정비 및 유민 대책은 이때에 이르러서 웅진천도 이후 야기된 정치 사회적 혼란을 어느 정도 극복하고, 거의 안정을 되찾아가고 있음을 보여주는 것이다.

이와 같이 백제는 통치체제를 정비해 나가면서 정복전쟁을 통해 획득한 토지와 전리품을 공이 있는 귀족층에게 식읍과 특정지역의 전조 수취물에 대한 권리를 수여함으로써 지배층에 의한 토지를 포함한 재산의 사유화를 촉진시켰다. 또한 지배층의 사적 통제와 수탈로부터 생산자인 농민들과 그 사유재산을 보호하기 위해 권농정책과 담세능력을 감안한 수취제도를 정비해 나갔다.

백제의 조세제도

　고대 사회에서 조세는 국가의 지방 통치나 농민 지배를 나타내는 경제적인 지표가 되기 때문에 수취의 주체로서 국가적 성격을 가늠하는 중요한 요인의 하나이다. 그리고 조세제도는 공권력을 유지하기 위한 잉여 노동과 생산물의 수취로 이어진 국가 성립 시기와 때를 같이하여 시행되었다. 따라서 조세제도는 해당 사회의 성격 이해와 더불어 사회 변동의 일면을 살피는 매우 중요한 요소이기도 하다.

　백제의 세제는 자료가 별로 없는 편이어서 그 구체적인 내용은 잘 알 수는 없다. 그러나 국초부터 조세[租], 공물세[調], 역역(力役)이 존재했던 것은 틀림없다. 즉 농산물을 수취하는 조세와 가내 수공업의 생산물이나 각 지방의 특산물을 수취하는 공물세 그리고 노동력을 징발하는 역역제를 국초부터 시행하였던 것이다.

1. 조세와 공물세

백제의 농민들이 국가에 내는 세금으로 토지세에 해당하는 조세(租稅)와 특산물을 세금으로 내는 공물세[調], 그리고 각종 토목공사에 동원되는 노동력 징발[力役]이 있었다. 그 가운데 조세와 공물세는 서로 결합한 형태로 징수되는 경우가 많았다. 예컨대 고이왕(古爾王 : 234~286) 15년(248)에 백성들이 굶주리게 되자 1년의 조세와 공물세를 면제한 사례[1]로 미루어 볼 때 백제의 농민들은 전세미를 납부하는 조세와 특산물을 납부하는 공물세를 함께 부담했던 것으로 볼 수 있다.

조세의 징수대상은 주로 농민층들이었다. 백제가 중앙집권체제가 갖추어지기 이전에는 농민들은 지방행정구획인 여러 부(部)에 소속되어 있었다. 이들은 주로 농업 생산을 담당한 일반 백성들로서 공동체 단계의 유제에 따라 연맹왕국 단계에서도 각 소국의 수장층과 호민층의 지배를 받는 한편 국가에 대해서도 부(部)를 통해 중층적으로 지배를 받는 존재였다. 이 때문에 이들을 부민(部民)이라 부를 수도 있다. 부민들의 역할은 분명치 않으나, 『삼국지(三國志)』 위서 동이전의 부여나 고구려조에 보이는 하호(下戶)라는 존재에 비견된다. 하호에 대해서는 노예설, 농노설, 양인설 등 여러 견해가 제기되고 있지만, 요즈음 추세는 양인 백성으로 보는 견해가 지배적이다. 하호의 역할에 대해서는 『삼국지』 위서 동이전에 다음과 같이 서술되어 있다.

부락에는 호민(豪民)이 있으며, 하호라 불리는 백성은 모두 노복(奴僕)이 되었다.[2] (부여조)

그 나라의 대가들은 농사를 짓지 않으므로, 앉아서 먹고사는 자가 1만여 명이나 되는데, 하호들이 먼 곳에서 양식·고기·소금을 운반해다가 그들에게 공급한다. (고구려조)

위 사료에 의하면 3세기경 부여 사회가 대가(大家)·호민·하호·노비의 여러 계층으로 구성되었음을 보여주고 있다. 고구려도 이와 유사한 사회 계층이 존재한 것으로 보인다. 여기서 하호라는 계층은 신분상으로 양인 백성으로 일반 농민층을 지칭하지만, 여러 대가들이나 호민들에 의해 지배를 받는 읍락의 구성원이라 할 수 있다. 하호들은 대가나 호민들을 위해 양식이나 고기 및 소금 등을 생산하여 그들에게 바치는 하층민인 것으로 나타난다. 이들 하호 즉 부민들은 아마도 소국과 같은 단위 정치체별로 파악되어 인두수에 따라 조세와 공물세 및 역역을 부담하였을 것으로 추정된다. 그 부담은 중국인들에 의해 노예로 비쳐질 정도로 가혹하게 징수되었다.

그러나 통치체제를 갖추어 농업 생산력이 발전하게 되는 4세기 후반 이후 부민들의 사회경제적 지위는 점차 변화되어 갔다. 부민은 율령에 의해 지배받는 국가의 공민으로 편입되면서 종래 임의적이고 가혹했던 소국 수장층들의 사적 수탈로부터 보호받는 존재로 변모한 것이다. 부민 가운데에는 토지 사유화와 농업 생산력의 진전에 따라 노비를 거느린 도미와 같은 편호소민(編戶小民)이 나타나게 되었다. 그리고 소농 중심의 농업경영 방식이 점차 보급됨에 따라 개별가호가 여러 세금을 부과하는 기초단위로 자리 잡게 된 것이다.

다음으로 백제의 세금 징수기준에 대하여 살펴보자. 백제의 조세와 공물세[調]의 징수에 대해서는 다음의 『주서』 백제전에 잘 나타나 있다.

세금은 베·견직물·삼베 및 쌀 등으로 내되 그 해의 풍흉을 헤아려 차등있게 바치게 하였다.

『주서(周書)』 백제전은 6세기 무렵의 백제 사비시대 전후의 사정을 보여주는 자료이다. 당시 백제의 세제 일면을 엿볼 수 있는 중요한 기사이기도 하다. 이에 의하면 6세기경 백제의 세제는 그 해의 풍흉에 따라 차등을 두어 징수하되 조세 품목인 쌀과 공물세 품목인 베·견직물·삼베 등 곡물과 옷감원료를 현물로 징수하였음을 알 수 있다.[3] 이어 7세기경의 백제의 사정을 전해주는 『구당서(舊唐書)』 백제전의 세제 기사를 살펴보면 다음과 같다.

무릇 세금 및 풍토의 물산은 대개 고구려와 같다.

위 기사에서 보듯이 백제와 고구려의 세제가 같은 점이 많다고 하였기 때문에 6~7세기 고구려의 세제 일면을 기록해 놓은 『주서』와 『수서(隋書)』 고려전의 세제 관련 기사를 검토해 보자.

> 세금은 견직물·베 및 곡식을 그 사람이 가지고 있는 종류에 따라 빈부의 차등을 헤아려 거둬들였다. (『주서』 고려)
>
> 인(두)세는 베 5필에 곡식 5석이다. 유인(遊人)은 3년에 한번을 내되, 열사람이 어울러서 세포(細布) 1필을 낸다. 조세는 (상)호의 경우 1석, 다음은 7두(斗), 그 다음은 5두이다. (『수서』 고려)

위의 고구려 세제에 관한 기사는 너무 단편적으로 기록되어 그 해석을 둘러싸고, 여러 견해가 제시되었다. 6세기경 고구려의 세제를 알려주는 『주서』 고려전에는 견직물·베 및 곡식을 해당지역에서 많이 생산되는 물자를 빈부에 따라 차등적으로 납부한 것으로 되어 있다. 그런데 6세기 말~7세기경의 사실을 전하는 『수서』 고려전에는 '인(人)'과 '유인(遊人)'을 구분하여 각기 다른 세금 부담이 존재하였음을 알려주는 기록이 보여 차이를 드러낸다. 즉 6세기 말~7세기경의 고구려의 세제가 『주서』 고려전 단계와는 다르게 인과 유인에게 서로 다른 세제를 적용하였던 점이 서로 다른 것이다. 『수서』 고려전 단계에는 '인(人)'과 '유인(遊人)'을 구분할 정도의 어떤 사회경제적인 특수한 상황이 반영된 것 같다. '인(人)'으로 지칭된 사람들은 인두세로 베 5필과 곡식 5석을 납부하였지만, 반면 '유인(遊人)'들은 3년에 한 번의 세금을 납부하되 10명 단위로 묶어 세포 1필만을 납부하였다는 것이다. 그리고 호세는 3등급으로 나누어 차등 납부한 것으로 되어 있지만, 그 세액의 차이는 그리 크기 않는 것으로 나타난다.

그런데 여기서 '인(人)'과 구별되는 '유인(遊人)'의 성격 문제가 당시 고구려의 세제를 이해하는데 중요한 요소가 되기 때문에 이에 대해 많은 논란이 제기되고 있다. '유인(遊人)'의 성격에 대해서는 현재 ① 빈민설, ② 부용민설, ③ 매음녀설, ④ 악인(樂人)설, ⑤ 놀이하는 사람설 등이 있다. 그 가운데 대표적인 견해가 빈민설과 부용민설이다. 먼저 빈민설은 다소 개념이 모호하지만, 대체로 생산 활동에 참여하지 않는 빈궁한 사람들을 지칭한 것으로 보고[4] 빈민들에게 항구적으로 세제 감면의 혜택을 준 것으로 이해하고 있다. 사전적인 풀이로는 '놀고 먹는 자'를 뜻한다. 그러니까 일정한 생활 기반 없이 사는 자라는 의미를 갖고 있기 때문에 빈민설이 지배적인 견해로 널리 받아들였다.

반면 부용민설의 경우 '유인(遊人)'은 고구려의 일반적인 편호민인 '인(人)'과는 구별되는 존재로서 고구려에 부용되었던 말갈·거란 등 이종족(異種族)을 지칭한 것으로 보고 있다.[5] 그러나 고구려가 부용민인 말갈·거란과 같은 이종족들을 어떻게 지배하였는가에 대한 지배구조 문제가 밝혀져야 한다. 다만 시기적으로는 다소 차이는 있지만『삼국지』위서 동이전 동옥저조에 고구려가 동옥저를 지배한 사례라든가, 또는 부여가 읍루(挹婁)를 지배하였을 때 과중한 세금과 부역을 부과하여 읍루의 반발을 샀던 사례 등을 검토해 볼 때 고구려가 이종족 집단에 대해 직접적으로 일정액의 공물적 성격의 세금을 과연 부과할 수 있었겠는가 하는 문제가 대두된다. 고구려는 그에 부용되었던 이종족들을 기존의 방식대로 해당 종족의 수장층을 통해 세금을 부과하였을 것으로 생각되기 때문이다.

여기서 말하는 '유인(遊人)'은 6~7세기 고구려의 대외관계 속에서 발생한 정치적 혼란이나 자연재해 그리고 수많은 전쟁 등에서 발생한 많은 부랑민을 지칭한 것으로 이해된다. 이들은 앞서 백제 무령왕대에 유식자를 귀농시킨 사례에서 보듯이 위와 같은 요인으로 인하여 다른 지역으로 강제 사민되거나 또는 생활 본거지를 떠나 유망생활을 하고 있는 부류로 보인다. 이들은 경제적으로 재생산 기반이 취약하여 사회 불안을 부추기는 요인이 될 수도 있다. 따라서 고구려는 이들을 통제하기 위한 조처로 백제 무령왕이 취한 것처럼 일정지역에 귀농시켜 생활 기반을 만들어 안정적으로 생업에 종사케 한 후 일반인들인 '인(人)'과 차등적인 낮은 세율을 적용하여 부족한 세수를 확보할 수 있을 뿐 아니라 소액의 세금 부과를 통해 국가 통제권하에 묶어두려는 의도가 있는 것으로 해석된다.

여하튼 6~7세기경 고구려의 세제는 크게 인두세와 조세가 있었는데, 인두세는 '인(人)'과 '유인(遊人)'을 구분하여 베와 곡식을 차등적으로 징수하였고, 조세는 노동력에 따른 호를 3등급으로 나누어 곡식을 차등 징수하였음을 알 수 있다. 『수서』 고려전에 의하면, 인두세의 수취량은 곡물의 경우 5석이었다. 조세의 수취량인 1석에서 5두보다 무려 5~15

배 이상이 될 정도로 인두세 비중이 과중한 것이었다. 또한 인두세의 부과기준이 역역 편성의 기준과 마찬가지로 노동력 가용 연령층인 인정을 단위로 하였는데, 백제도 이와 같았을 것이다. 「신라촌락문서」에 보이는 호등제의 편성 기준이 주로 인정(人丁)에 있었다는 사실과도 상통한다. 당시는 휴경이나 휴한 농법의 제약으로 진전(陳田)이 증가하고, 농업 생산성이 상대적으로 낮았다. 또한 양전사업과 토지면적에 따른 역가산정(役價算定)의 어려움이 있었다. 그리고 흉년·역질·메뚜기 피해[蝗害]와 같은 자연재해가 빈번하게 발생하였다. 그리고 잦은 전쟁 등으로 인해 국가 재정을 불안정한 조세 수취에 의존하기보다는 노동력 가용 연령층인 인정을 대상으로 한 인두세와 역역 징발에 보다 역점을 두는 방향에서 세제 개편이 이루어졌을 것으로 보인다. 각종 토목공사에 16세부터의 정남을 징발했다는 기사나[6] 사비시대 초에 설치한 22부사 가운데 호적작성을 담당한 점구부(點口部)의 존재를 통해 백제는 국초부터 호구와 인정 자원을 통계치로 잡아 활용하였음을 짐작할 수 있다. 다만 고구려의 세법이 백제와 차이가 나는 것은 고구려의 경우 세금 부과 대상물의 종류가 다양하지 못하였고, 수취품목에서 곡물을 쌀로 징수한 백제와는 달리 조와 같은 밭작물이 주요 징수 대상이었다는 점이다. 이는 두 나라가 처한 농업 환경상의 차이에서 비롯된 것으로 볼 수 있다.

그런데 백제 초기에는 수장층과 호민층이 부나 또는 부 아래의 작은 단위로 편제되었던 부내부, 삼한시대의 소국 단위를 지칭하는 구소국 등 단위 정치체별로 파악하였을 것이다. 그러나 점차 통치조직이 정비되면서 연령급별 인구파악을 전제로 하는 호구령을 율령에 포함하였을 가능성이 크다. 그리고 『삼국사기』 도미전에서 편호소민의 존재를 확인할 수 있듯이 5세기경에는 편호된 인정을 수취의 기준으로 삼아 인두세를 부과했을 것으로 보인다. 이를 입증해 주는 실물 자료가 부여 궁남지에서 출토된 목간의 '中口'와 '小口'라는 묵서명일 것이다. 백제 말기에는 '中口'와 '小口'와 같이 인정 자원을 항례적으로 파악하여 남녀별 연령별로 몇 가지의 등급으로 나눈 것으로 알려졌다. 이를 북조에서 실시한 중정제(中丁制)와 관련시켜 당시 백제가 조사된 인구수를 연령별로 6등급으로 나누는 6등호제로 편성되었을 것으로 이해된다. 호등제의 실시 목적은 노동력 가용 대상인 인정수를 파악하는데 있었을 것이다. 이 제도는 어느 시기에 시작되었는지에 대해서는 알 수 없지만, 22부사 중에서 재정기구와 관련 있는 부서인 점구부, 주부(綢部) 등이 설치 운영되는 6세기 중반 사비시대 성왕대부터로 짐작된다. 이로서 백제의 조세의 수취 부담과 노동력 편성이 사비시대에 이르러 제도적으로 정비되고, 전국적인 규모로 확대되었음을 뜻한다.

다음으로 백제의 세금 징수 대상품목에 대하여 알아보자. 조세의 징수 품목은 처음에는 주로 보리·콩 등 밭작물이었던 것으로 보인다. 1세기 초 다루왕(多婁王 : 28~77) 때 동부의 흘우(屹于)가 말갈과 싸운 공로로 말 10필과 조(租) 500석을 상으로 받았는데,[7] 이때는 논농사[稻田]가 아직 널리 보급되어 있지 않았고,[8] 또 국초부터 전작물인 보리와 콩에 관한 기사가 많이 나오고 있는데서[9] 이를 짐작할 수 있다.

그러나 고이왕 때에 남쪽 소택지에서 논을 개발하였다는 기사나,[10] 또는 제방의 축조 정비 기사를 감안해 보면 조세의 품목은 콩·보리에서 점차 쌀로 바뀌어져 갔던 것으로 보인다. 즉 쌀은 수리 관개시설이 확보된 조건에서 안정적인 생산을 기할 수 있고, 또 다른 작물에 비해 장기간 보관할 수 있는 이점 때문에[11] 창고의 저장물이나 군량미의 대상물이 되었다. 그런데 쌀이 비록 주요한 수취품목이 되었다고 하더라도 쌀과 함께 보리·콩·조 등 전작물이 여전히 백제의 주요 세금 징수품목에 포함되었다. 6세기경 백제의 조세 징수품목으로『주서』백제전에는 쌀 하나의 품목만 징수한 것처럼 되어 있으나, 콩·조 등 밭작물도 징수하였을 것이다.

『삼국사기』백제본기에 나오는 곡물관련 기사에는 쌀 이외에 보리와 콩이 주요 작물로 등장한다. 그리고 백제지역에서 출토된 곡물자료로는 백제 말기의 유적인 부여 부소산성 군창터에서 불에 탄 상태로 벼·밀·콩·팥·조·메밀 등이 발견된 사례가 있고, 한산의 건지산성(乾芝山城)에서도 탄화미가 채집되기도 하였다.[12] 당시 논농사보다 밭농사가 보다 일반화된 농업 사정을 미루어 보면 세금을 징수할 때의 곡물은 쌀과 함께 보리·콩·조 등과 같은 밭작물도 포함되었을 것이다. 그밖에『주서』백제전에 의하면 백제에는 오곡을 비롯하여 채소와 과일 및 약재 등이 있었다고 한다.

토지는 낮고 습하였으며, 오곡과 각종 과일·채소 및 술·음식·반찬·의약품은 거의 중국과 같고, 낙타·당나귀·노새·양·거위·오리 따위는 없다.

이상의 세금 징수 품목 이외에 지역적인 특성에 따라 여러 형태의 공물이 징수되기도 하였을 것이다.

『주서』 백제전에 의하면 6세기경 백제의 세금 징수 품목은 조세 품목인 쌀 이외에 공물세 품목으로 베·명주·삼베 등 곡물과 옷감원료를 현물로 징수한 것으로 되어 있다. 쌀을 제외하고는 거의 옷감의 원료가 주요 세금 징수 대상이었던 것이다. 공물세로 징수된 옷감의 원료들은 지배층에서부터 일반 백성에 이르기까지 의복을 만들어 입는데 주요한 품목이었다. 『구당서』 백제전에 의하면 신분별로 착용하는 관모와 의복에는 일정한 제약이 있었음을 알 수 있다.

그 나라의 왕은 소매가 큰 자주색 도포에 푸른 비단 바지를 입고, 오라관(烏羅冠)에 금화(金花)로 장식하며, 흰 가죽띠에 까만 가죽신을 신는다. 관인들은 다 비색(緋色) 옷을 입고 은화로 관(冠)을 장식한다. 서인(庶人)들은 비색이나 자주색 계통의 옷을 입을 수 없다.

여기서 견직물[絹]과 그 원료인 실[絲]은 주로 지배층의 의복을 만들어 입는데 사용하였다. 이 명주와 실은 『삼국지』 위서 동이전 한조에 '누에치기와 뽕나무를 가꿀 줄 알고 면포(綿布)를 만들었다'고 하였듯이 삼한 때부터 누에를 쳐서 비단의 전단계인 명주를 짤 수 있었음을 의미한다. 후대인 15세기에도 충청도 지역에서 마(麻)와 함께 뽕나무가 널리 재배되었음이 『세종실록지리지(世宗實錄地理志)』를 통해 확인된다. 견직물은 제사·직조·염색 등의 몇 단계에 걸친 작업 공정이 소요되는데, 이 과정에 여러 생산 기법이 뒤따랐다. 여러 사서에 보이는 견직물의 종류만도 금(錦)·릉(綾)·라(羅)·사(紗)·시(絁)·겸(縑)·견(絹) 등이 보인다. 백제에서 견직물을 만드는 직조기술이 발달했음을 보여주는 사례가 『일본서기』에 나오는 아야하토리[漢織]와 쿠레하토리[吳織][13]가 백제계 직조공들에 의해서 만들어진 점을 들 수 있다.

다음으로 베는 주로 자연식물인 마(麻)를 원료로 하여 짠 피륙을 말하는데, 그 원료에 따라 마포(麻布)·갈포(葛布)·저포(紵布) 등으로 구별된다. 베의 원료인 마(麻)는 일반 백성들이 주로 입는 옷감의 원료인데, 『한서』 식화지 안사고(顏師古)의 주에 의하면 기장·보리·수수·콩과 함께 5곡에 들기도 한다. 마의 열매는 기근 시에 구황작물로서 쓰이기도 하지만, 직물원료로 사용되기 위해서는 그 열매가 익기 전에 수확해서 사용해야 한다. 마의 종류는 『본초강목(本草綱目)』에 호마(胡麻)[14]·아마(亞麻)·대마(大麻)로 종류를 나누었는데, 우리나라에서는 대마가 많이 생산되고 있다. 「신라촌락문서」에서도 마전(麻田)이 촌락마다 1결씩 할당되었다. 『삼국사기』 소나(素那) 열전에 의하면 마전은 촌락민들에 의해 공동 경작되어 그 수확물을 공물세로 납부하였음을 알 수 있다.

아달성(阿達城) 태수 급찬(級湌) 한선(漢宣)이 백성에게 이르기를, "어느 날 모두 나가 마를 심으려 하니 명을 어기지 말도록 하라!"고 하였다.

다음으로 공물세[調]의 수취방식에 대하여 살펴보자. 공물세의 수취방식은 국초에는 하호에 비견되는 부민 또는 하호들의 머리수를 기준으로 부·부내부·구소국 등 단위 정치체별로 징수하였을 것이다. 이때에는 아직 중앙 지배력의 한계로 종래 공동체의 유제 아래서 중층적으로 편제되었던 단위 정치체를 통해 수취하는 것이 보다 수월하였기 때문이다. 그러므로 이 시기의 부민 또는 하호들은 국가뿐 아니라 자신이 속한 단위 정치체의 조직과 수장층을 위해 세금과 부역을 부담하였는데, 『삼국지』 위서 동이전에서 하호를 노예로 상정한 인식처럼 그 부담은 훨씬 과중하였다.

그런데 4세기 후반 근초고왕대(近肖古王代 : 346~375)에 이르러 지방통치조직을 담로(擔魯)라 부르는 군 단위까지 정비하면서[15] 공물세의 수취기준을 새로이 마련한 것으로 보인다. 국군(國郡)의 경계를 처음으로 정하고 향토의 소출을 상세하게 기록하였다는 『일본서기』의 기사[16]가 참고된다. 이를 통해 중앙정부는 각 지역의 특산물의 실태 파악과 함께 담세능력을 감안하여 공물세를 지역별로 할당하여 부과하려고 했음을 알 수 있다. 각 지역으로부터 세금을 받으려면 지방행정조직이 잘 갖추어져야 함은 물론이다. 이 조처는 지방관을 파견하여 국가의 지배력을 강화하려는 측면도 있지만, 조세행정면에서 볼 때 종래 단위 정치체별로 임의적으로 가혹하게 행해진 집단적 수취가 점차 극복되어 가는 일면도 살필 수 있다.

이와 같이 국가의 수취는 점차 지방관에 의해 행정 단위별로 이루어지고, 아울러 개별가호가 정율적인 조세를 부담하는 등 백제의 세제가 점차 제도의 틀을 갖추면서 점차 정비되어 가고 있었음을 알 수 있다.

한편 백제가 세제를 제도적으로 정비하고 확립하게 된 것은 6세기 중반의 성왕 때부터였다. 사비로의 천도와 더불어 중앙에 5좌평 16관등제와 국왕 직속의 행정부서인 22부제 및 지방의 방·군·성체제 정비 등 일련의 중앙집권화 시책이 추진되면서[17] 세제도 체계적으로 개편되었다. 이는 수취기반을 확대하여 왕정의 물질적 기반을 공고히 하면서 국왕 중심의 정치운영을 위해 취해진 조치로 이해된다. 성왕대 설치한 22부 가운데 내관의 곡부(穀部)와 내·외경부(內·外椋部) 및 외관의 점구부 (點口部)와 주부(綢部)의 존재는 바로 수취체제의 개편과 밀접한 관련을 가진 부서였다. 이들 부서에 대한 직능은 구체적인 명기가 없어 알 수 없지만, 그 어의로 미루어 보아 다음과 같이 기능을 추정해 볼 수 있다.

곡부(穀部)는 궁내부의 12개 관사 중 서열이 전내부(前內部) 다음으로 중요한 위치를 점하고 있다. 그 직능은 왕실에 관계되는 곡물의 조달과 전국 각처에 산재한 왕실 소속의 토지를 경작하고 관리하는 일을 담당하였을 것이다.

내경부(內椋部)와 외경부(外椋部)는 그 구체적인 직능은 알 수 없지만, '경(椋 : 『주서』 백제전)' 자가 다른 사서에는 '약(掠 : 『북사』 백제전)'

자 이외에 '庫'(『삼국사기』 직관지)으로도 표기되어 창고를 의미하는 용어로 해석된다. 이러한 측면에서 볼 때 이들 부서는 신라 후대의 기록에 나타나는 창부(倉部)나 사창(司倉)에 해당하는 것으로 볼 수 있다. 그러면 내·외경부는 어떠한 직능을 가진 기구였을까? 신라의 창부와 고대 일본의 삼장제(三藏制)가 이에 해당하는 부서로 여겨진다. 신라의 창부의 경우 663년에 왕도 금성에 남산성을 쌓고 여기에다가 좌창(左倉)과 우창(右倉)이라는 창고시설을 갖추어 놓은 기록이 확인된다.

> (문무)왕이 처음 즉위하여 남산에 장창(長倉)을 설치하였는데 길이가 50보(步)요 넓이가 15보였다. (여기에) 쌀과 병기를 저장하니 이것이 우창(右倉)이 되었고 천은사(天恩寺) 서북쪽 산 위에 있는 것이 좌창(左倉)이 되었다. 다른 책에는 진복 8년 신해년에 남산성을 쌓으니 둘레가 2,350보라고 하였는데 이는 진평왕 때 처음 쌓았다가 이때에 와서 중수한 것이다.(『삼국유사』 권 2, 문무왕 법민)

위 기사에서 보듯이 이곳은 수취한 전세미나 병기 등을 보관하는 기능을 가졌을 것이다. 그리고 고대 일본의 삼장제란 재장(齋場)·내장(內藏)·대장(大藏)을 말하는데, 이곳은 왕실의 제사 때 쓰는 제향물과 일반 물자 및 조정에서 사용할 여러 물품들을 저장 관리하는 기능을 가졌다. 마에다본[前田本] 『고어습유(古語拾遺)』에 의하면 일본의 삼장제가 백제계 이주민인 아지사주(阿智使主)와 왕인(王仁) 등에 의해서 운영된 것으로 알려지고 있다.[18] 이러한 점에 비추어 볼 때 백제의 내경부는 왕실에서 소용되는 물품이나 제사 때 사용되는 제향물 등을 관리하였고, 외경부는 국가 재용에 필요한 여러 의료식물 등을 저장·관리하는 역할을 하였을 것으로 추정된다. 이와 같이 창고 업무를 기능에 따라 분치시켜 관리한 것으로 미루어 볼 때 백제의 세제가 사비시대에 들어와서 체계적으로 정비되었음을 뜻하는 것이다.

점구부는 호구를 항례적으로 파악하여 세금 징수의 기본이 되는 계장이나 호적을 작성하는 일을 담당한 부서로 여겨진다. 『삼국사기』백제본기에 각종 토목공사를 일으킬 때 16세부터 되는 사람들을 징발한 기사나 또는 백제 멸망 때에 76만 호의 호구를 파악하고 있었던 일은 점구부와 관련 있는 것임을 알 수 있다.

다음으로 주부는 직물원료를 제조·공급하는 부서로 짐작된다. 백제의 세제 중 공물세의 비중이 컸음에도 불구하고 22부사 중에 이를 관리하는 전담 부서가 설치되어 있지 않은 점이 의문이 생긴다. 비단과 명주실 그리고 마 등과 같은 옷감과 원료들이 백제의 주요 공물인 점을 감안해 보면, 주부는 단지 직물을 생산해 내는 기능 부서가 아니라 공물의 출납을 담당한 재정 기구가 아니었을까 한다.

이상의 재정 부서에는 실무를 담당하는 관리들이 배치되었다. 이 재정기구의 책임자는 장사(長史)·장리(長吏) 또는 장장(將長)·재장관(宰長官)으로 불렀는데, 임기는 3년이었다.[19] 사비시대의 정치조직 개편에서 특히 재정 기구의 분화현상이 두드러지게 나타나고 있는 점은 국가 발전에 따른 재정 수입과 지출의 업무가 점차 중요한 비중을 차지하게 되었음을 뜻한다. 이러한 재정 기구의 설치는 신라재정 부서인 조부(調府), 창부(倉部) 설치에 비견될 만한 것이며, 백제는 이로부터 전국적인 규모의 세제를 확립한 것으로 이해된다.

이와 같이 백제의 전세[租]와 공물세[調]는 종래 중층적으로 편제되어 있는 단위 정치체를 단위로 하여 인두수를 수취기준으로 부과하는 일종의 복속 의례적인 성격을 띠는 것이었다. 그러나 4세기 후반 근초고왕대와 6세기 성왕대에 이르러 지방통치조직이 점차 정비됨에 따라 지방관에 의해 행정 단위별로 수취되는 전국적인 규모의 세제를 점차 확립하게 되었다. 세제와 관련된 재정기구의 설치·운영, 임기 3년인 세무 담당관리의 임명, 인정의 항례적인 파악 등의 조치가 취해지면서 개별가호가 수취의 기본 단위로 자리잡게 되었고, 호조(戶租) 수취에는 풍흉에 따른 호등제를 채용함으로써 과세의 형평성을 기하고자 하였다.

2. 노동력의 편성과 부담

역역(力役)은 백성들을 각종 토목공사에 동원하는 노동력 부담을 말한다. 이는 국가나 지방관청에 동원되어 무상으로 노역하는 요역과 군역으로 크게 구분할 수 있는데, 전세와 공물세에 못지않는 힘든 부담이었다. 『삼국사기』 백제본기에 보이는 노동력 동원 사례는 총 69건으로, 매우 빈번했음을 알려주고 있다. 그 항목도 성곽·궁실·제단·사대(射臺)·고분·다리·제언의 축조 등 여러 부분에 걸쳐 있음을 알 수 있다. 노동력 동원 횟수가 가장 많이 나타나는 시기는 온조왕대 15건, 동성왕대 10건, 개로왕대 7건, 무령왕과 무왕대 5건의 순으로 나타났다. 온조왕대에는 후대의 사실이 일괄 수록된 부분도 있지만, 아무튼 국가 창업기였기 때문에 궁실과 제단 등 새 국가의 면모를 갖추기 위한 여러 기반시설들이 건설된 것으로 보아도 무방하다. 이어 동성왕·개로왕·무령왕·무왕대 순으로 역역 동원이 빈번히 행해진 것은 공통적으로 왕권 강화 시책과 크게 관련이 있는 것으로 이해된다. 대규모 역사는 전제군주에 의해 권력집중의 한 수단으로 이용되듯이[20] 이들 각종 토목공사는 왕권강화 시책과 밀접히 관련되기 때문이다.

노동력 동원의 항목 중에서 성책을 설치하거나 또는 성곽을 쌓는 일이 총 69건 중에서 45건을 차지할 정도로 큰 비중을 차지하였다. 이는 백제가 국초부터 낙랑, 말갈, 마한 등을 비롯하여 고구려, 신라와 빈번하게 전쟁을 전개한 사실을 반영해 주고 있다. 『구당서』 백제전에 백제 멸망 시 200여 개의 성이 있었던 사실을 미루어 보면, 축성을 위한 역역 부담은 이보다 훨씬 컸을 것으로 짐작된다.

다음으로 큰 비중을 차지하고 있는 것이 궁실조영인데 모두 17건에 달한다. 도읍지였던 한성, 웅진, 사비에 대규모 궁실을 짓거나 중수하였으며, 그 부속건물로 동명묘(東明廟)·구태묘(仇台廟)·대단(大壇)·사대(射臺)·임류각(臨流閣)·궁지(宮池) 등을 짓고 이에 따른 조경 공사에도 막대한 인력이 투입되기도 하였다. 예컨대 무왕대(武王代, 600~641)에는 축성사업 이외에 왕흥사(王興寺)·미륵사(彌勒寺)와 같은 큰 사찰을 조영하였고, 궁남지 축조공사 등 대규모의 토목공사가 이루어지기도 하였다. 특히 궁남지 조영에는 20여 리에서 물을 끌어들였다. 그리고 네 언덕에는 버드나무를 심고, 물 가운데는 섬을 축조하여 마치 방장선산(方丈仙山)을 방불할 정도였다고 한다.[21]

이와 같이 백제는 전쟁이나 내란에 대비하기 위해 성곽을 축조하거나 또는 왕권의 권위와 권력을 과시하기 위한 상징적 조처로서 궁실과 그 부속건물 조영사업에 많은 인력을 동원하였음을 알 수 있다.

그밖에 도시와 관련된 시설이나 농업 생산력 증진과 관련 있는 제방 축조와 정비 사업 등이 간헐적으로 추진되었다. 무령왕 10년(510)에는 제방을 축조하여 금강 주변과 호남평야를 적극 개발하고, 경제적 기반이 취약한 유민들을 귀농시킨 사례[22]가 있었다. 이러한 치수와 대토목공사에는 국가 단위 규모의 많은 인력이 동원되었다. 김제의 벽골제 축조공사에는 연인원 32만여 명이 동원되었고,[23] 나주 반남면 신촌리 9호분과 같은 대형 옹관묘의 봉토를 축조하는 데에는 100여 명의 인원을 24일 동안 동원해야 가능한 것으로 추산하고 있다.[24]

노동력 동원은 공역의 규모에 따라 차이는 있었지만 대부분 많은 노동력을 동원할 수 있는 부(部) 단위나 또는 국가 규모로 행해졌음이 다음의 사료를 통해 확인된다.

(책계)왕은 고구려의 침공과 노략질을 염려하여 아차성(阿且城)과 사성(蛇城)을 수
축하여 이에 대비하였다. (『삼국사기』 백제본기, 책계왕 즉위년)

동부와 북부 두 부의 사람으로 나이 15세 이상을 징발하여 사구성(沙口城)을 쌓았
는데 병관좌평 해구(解丘)로 하여금 공사를 감독케 하였다. (앞의 책, 전지왕 13년
추7월)

위 사료에 의하면 백제는 성곽을 축조할 경우 원칙적으로 16세부터의
정남을 동원하였음을
알 수 있다. 백제 초기
에 이들 정남에 대한
노동력 동원은 규모에
따라 구소국의 읍락이
나 부 단위로 일정지역
의 정남 대상자를 모두
징발하여 일정한 공역
기간도 없이 행해졌을
것으로 추측된다.[25]
　공역의 구체적인 작
업 편성에 대해서는 알
수 없지만, 위의 사구
성의 축성 작업에는 좌
평급 인물이 공역을 총
괄 감역하는 경우도 있

궁남지 출토 목간
(국립부여박물관)

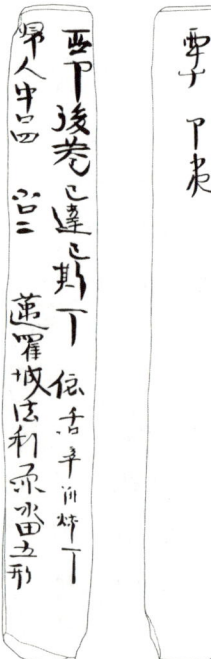

부여 궁남지출토 목간 묵서 내용(국립부
여문화재연구소, 『궁남지』, 1999, 83쪽)

었다. 따라서 국가로서는 인호(人戶)에 대한 노동력 지배를 위하여 정례적으로 연령급별 호구파악이 필요하였을 것이다. 이와 관련하여 근초고왕 때에 반포되었을 것으로 보이는 율령에는[26] 아마도 호구령과 부역령이 포함되었을 것으로 추측된다.

그러면 백제가 어떠한 방식으로 호구를 파악하여 노동력 징발의 자료로 활용하였을까? 이러한 사실을 알려주는 자료가 1995년 1월 부여 궁남지유구 조사과정에서 발견된 백제 목간(木簡)이다. 목간의 크기는 길이 35㎝, 너비 4.5㎝, 두께 1.0㎝ 정도로 상단에서 5.0㎝ 지점에 지름 0.4㎝의 구멍이 뚫려 있다. 목질은 세로로 켠 송판에다 해서·행서·초서를 적절히 구사한 묵서가 쓰여져 있었다. 묵서 표면은 상단 중앙에 5자가 한 줄로 쓰여져 있고 이면은 우측 줄은 15자, 좌측 줄은 18자로 모두 33자가 두 줄로 기록되어 있다.

(목간 표면) 西卩中卩□夷

(목간 이면) 西卩後巷 巳達巳斯丁依活□□後卩

　　　　　歸人中□四 小□二. 邁羅城法利源 水田(畓)五形

　　　　　　　(국립부여박물관, 도록『백제의 문자』, 2002, 88쪽에 의함)

위 백제 목간의 내용에서 사비시대의 호구 파악과 관련하여 주목되는 것이 '中口'와 '小口'[27]의 존재이다. 여기서 구(口)는 역역 동원대상인 정남(丁男)을 의미하는 노동력 기초 단위로 볼 수 있다. 따라서 이는 연령에 의한 인구 파악 즉 호구제도의 존재를 보여주는 것이다. 그리고 백제는 중(中)·소(小)라는 어떤 기준에 의해 호구가 편성되었음을 시사해 준다. 여기서 보이는 '中口'와 '小口'는 중국 북조에서 시행된 율령의 정중제(丁中制)와 관련 있을 것으로 보인다. 즉 이에 의하면 남녀 모두 3세 이하를 황(黃), 16세 이하를 소(小), 20세 이하를 중(中), 21세 이상을 정(丁), 60세를 노(老)라고 하여 연령별로 6등급으로 나누어 노동력 자원을 관리하였다.

이와 같이 백제에서는 서위-북주의 정중제(丁中制)를 수용하여 6호등제를 실시한 것으로 판단된다. 이를 통해 사비시대에 백제가 북주, 북제와 같은 북조국가와 대외교섭을 전개해 나가면서 22부제를 비롯한 6등호 제도를 수용하였을 것이다. 6세기 중반 성왕대에 빈번한 역역 징발 업무를 효율적으로 관리하기 위해 새로이 관청이 설치되었다. 22부사 가운데 외관 소속의 사공부(司空部)가 바로 그것인데, 이 관사의 설치는 중앙 차원의 역역행정체계가 확립되었음을 의미한다.

백제는 사비시대 이전에도 아직 체계화되지는 않았지만 호등제가 실시되었을 가능성이 있다. 즉 『삼국사기』 도미열전에 도미(都彌)는 '편호소민(編戶小民)'이면서 노비를 거느리고 있었다는 기사가 있다. 그 편호소민의 실체는 알 수 없지만, 도미는 노비를 거느리고 살 만큼의 경제력을 갖춘 자영 소농민이면서도 약간의 학식과 의리나 절의를 지킬 수 있는 덕목도 갖춘 인물로 이해된다. 도미가 소민으로 편제된 점에서 호등제의 일면을 엿볼 수 있다. 그리고 6세기 초반경 가야지역에 거주하던 백제의 유민들을 귀가시켜 호적[貫]에 다시 올리는 조치[26]를 통해서도 사비시대 이전에 이미 호적제도가 실시되었음을 보여주고 있다.

백제 초기 노동력에 동원되는 대상자는 주로 하호로 표현되는 일반민들이었다. 그러나 삼국 간에 항쟁이 치열해지면서 많은 토목공사에는 위처럼 일반민들이 노동력 동원에 징발되는 경우가 대부분이었다. 노동력 동원은 원칙적으로 16세부터의 노동력 가용연령층인 정남(丁男)이 징발되었다. 그리고 노동력 동원은 주로 2월과 7월의 농한기를 이용하였는데, 이는 농업을 중시하는 국가의 정책을 반영하는 것이었다. '농사철을 잃지 않도록 불요불급한 일을 중지하라'[29]는 조치는 바로 그러한 국가의 의지를 보여준다.

다음으로 군역 대상자와 징발 기준에 대하여 살펴보자. 국초의 군역 대상자는 족장세력인 여러 가(加) 세력과 호민층을 포함한 지배층이었다. 그들은 집집마다 병기를 소지한 가운데 전시에는 전사집단으로 출정하였다. 국초부터 진씨 세력이 좌장(左將)을 통해 병권을 장악했던 사실은[30] 이를 반영하는 것으로 볼 수 있다. 이때에 여러 부문의 생산을 담당하였던 하호들은 군역에서 제외되고 단지 이들 지배층에게 식량과 물자를 조달해 주는 역할을 수행하였다.

그러나 6세기 무렵에 이르러 군역과 노동력의 징발기준이 바뀌었을 것으로 보인다. 즉 무령왕 23년(523)의 쌍현성(雙峴城)의 축조 사례에서[31] 보듯이 노동력 동원이 종래 부 또는 구소국의 읍락 단위에서 점차 주·군의 행정구역 단위로 바뀐 사실이 주목된다. 신라의 사례이기는 하지만, 5세기 후반 소지마립간(炤知麻立干, 479~500) 8년(486) 보은의 삼년산성(三年山城)과 옥천 청산의 굴산성(屈山城)을 축조하는 데 일선군(一善郡 : 지금의 선산) 변경지역의 정부(丁夫) 3,000명을 동원한 사례가 있다.[32] 백제도 이제 소요 노동력과 공사기간을 미리 예측하여 주민들을 역역에 동원하는 방식으로 전환하였음을 짐작할 수 있다. 그러므로 해당지역의 정남을 무차별 동원하는 것보다는 일정한 비율로 호당 정남의 수를 징발하여 역역 부과의 형평성과 합리성을 고려하거나, 또는 호세에 호등제를 적용하는 방식과 같이 일정한 인원을 일정한 기준에 맞추어 노동력 대상자를 징발하는 원칙을 강구해 나갔을 것으로 추측된다.[33]

백제의 군역은 사료가 없어 그 실체를 정확히 밝힐 수는 없다. 그러나 4세기 후반 이후 고구려·신라와의 전쟁이 지속되어 격화되는 가운데 수만 명의 병력을 동원하게 되었고, 또한 일반민들의 사회경제적 지위가 향상되는 추세 속에서 일반 백성들도 점차 군역에 징발되었을 것이다. 신라 중고기에 일반 지방민을 주병(州兵)으로 동원한 사례나,[34] 또한 건장한 사람을 선발하여 군대에 편성하였다는 『수서』 신라전의 기사로 미루어 백제의 경우도 크게 다르지 않았을 것으로 생각된다.

군역과 노동력 동원과의 관계는 알 수 없지만 일반민들의 경우 양자를 모두 부담하였을 것이다. 군에 징발된 사람들은 일정기간 동안 집을 떠나 군사 업무에 전념하지 않을 수 없었다. 따라서 군 복무 기간 동안 다른 노동력 부담이나 조세부담을 감당할 여력이 없었을 것이다. 노동력 부담은 선운산가(禪雲山歌)에서도 보듯이[35] 너무 빈번하고 장기적인 데다가 농번기에도 동원되는 경우가 생겨 농민들의 생계에 큰 피해를 주었다. 그리고 일반민들은 신라의 죽지랑(竹旨郞)의 낭도인 급찬(級湌) 득오(得烏)가 아찬(阿湌) 익선(益善)에 의해 부역(部役)과 함께 사적인 역역에도 징발된 것처럼[36] 백제 왕실이나 귀족에게 사적인 일로 고된 역역에 징발되는 경우도 많았을 것이다.

더구나 다른 지역에서 이주한 '귀인(歸人)'들은 일반민들보다 사회경제적으로 더 열악한 위치에 있었던 것으로 보인다. 궁남지에서 출토된 목간에 의하면, 백제의 왕도 서부 후항(後巷)에 살던 사달사(巳達巳)라는 사람이 매라성(邁羅城) 법리원(法利源)에 있는 오형(五形) 넓이의 논을 개간하기 위해 귀인 6명(中口 4명과 小口 2명)을 동원한 일이 있었다. 귀인의 실체는 알 수 없지만 『일본서기』 계체기 3년조에 보듯이 다른 지역에서 귀화해 온 유민들로서 안정적인 생활 기반을 영위하기 어려운 상태에서 이처럼 귀족들의 토지 개간에 징발되기도 하였던 것이다.

무왕대에는 여름철에 궁실을 중수하는 대규모의 역사를 일으켰다가 한재로 인해 공역을 중단되기도 하였고,[37] 개로왕 때처럼 일반민들에게 부역을 과중하게 부과함으로써 웅진천도라는 정치적 난국을 당하기도 하였다.

백제의 산업

1. 농업의 발달

1) 농업 발달의 배경

(1) 철제농기구의 제작 사용

기원전 2세기경 이후부터 남한지역에 철기문화가 점차 보급되면서 농업 생산에 철제 농기구의 사용이 점차 증가하는 가운데 그 종류 또한 늘어났다. 남한지역에 철기문화가 들어온 초기에 사용되었던 철기제품은 주로 주조(鑄造)한 철제 도끼류와 끌이다. 이 도구들은 아마 목제 농토목용구나 따비의 날을 보강하는 용도로 사용된 것으로 추정하고 있다. 1세기경부터는 이들 농토목용구 이외에 쇠낫과 쇠괭이 및 쇠따비가 등장할 정도로 철제 농기구의 종류가 늘어나는 추세를 보이면서 철제 농기구의 사용되는 빈도 역시 자연스럽게 늘어났다.

생산력의 증대로 잉여산물이 증가하여 지역 간에 교역이 활발하게 이

좌측부터 목제괭이자루와 직병부괭이, 목제괭이 및 괭이 미성품(국립광주박물관)

루어졌다. 이는 사유재산에 대한 개념이 뚜렷해지면서 토지와 철제 생
산수단의 소유 여부에 따른 경제적인 격차를 벌여놓았다. 아울러 정치
사회적인 측면에서 생산도구의 제작과 보급을 통해 정치권력이 점차
강화되는 현상도 나타났다. 철제 농기구는 원료산지가 한정되었거니
와, 기술수준에 따라 질적·양적인 제한이 뒤따를 수밖에 없었다. 이
같은 여건을 고려하면, 철기 생산도구의 제작과 보급과정은 지배집단

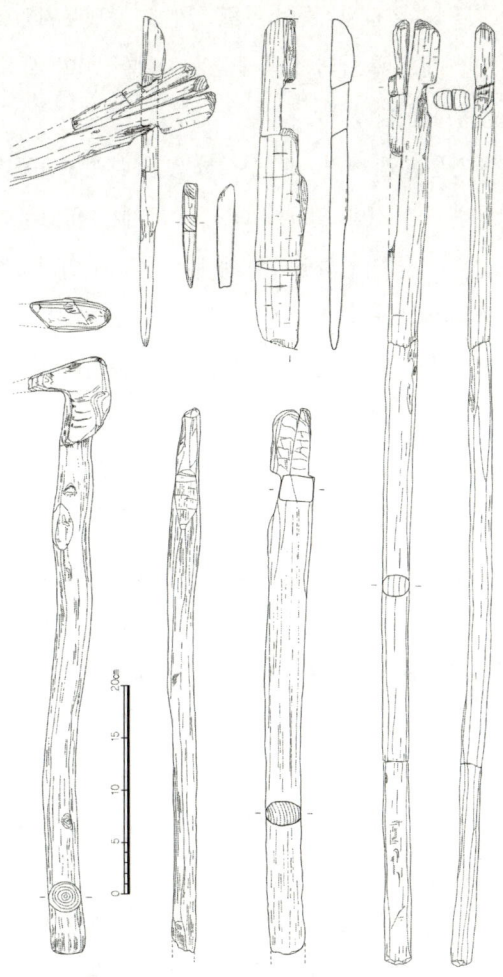

광주 신창동유적 출토 목제괭이와 괭이자루
(국립광주박물관, 『광주신창동저습지유적Ⅰ』 1997, 93쪽)

이 장악했을 것으로 짐작된다. 이 무렵 한반도 중남부지역에서는 수많은 읍락들이 지역별로 통합되어 백제국을 포함한 70여 개의 크고 작은 정치집단이 등장하게 되었다.

백제 또한 철기문화의 배경으로 성장하였다. 부여·고구려계의 유이민으로서 한강하류의 서울 일대에 정착한 백제는 국초부터 국가적인 차원에서 농업을 적극 장려하였다.[1] 백제는 천도의 입지조건으로서 국방상의 요인 이외에 토지의 비옥도를 중시했던 것이 분명하다. 그래서 적극적으로 권농정책을 시행함으로써 영농조건을 개선하고, 나아가 농업 생산력 향상에 주력하였다.

그러나 철제 농기구의 사용은 철소재 확보와 제철기술의 전문성이 전제되었기 때문에 널리 보급되지는 못하였을 것이다. 따라서 대부분의 생산도구나 생활용구는 주로 돌로 만든 도끼류와 반월형 석도 등과 더불어 나무와 뼈로 된 농기구가 여전히 사용되었다. 이는 기원전 1세기경의 유적인 광주 신창동유적에서 나온 나무로 된 괭이·낫·도끼자루·자귀자루 등 목제류 유물에서도 드러난다. 4세기 무렵의 백제시대 유적인 전남 무안군 양장리에서도 돌도끼와 같은 석기류와 나무로 된 농기구가 함께 출토[2]되어 늦은 시기까지 석기류와 목제 농기구가 널리 사용되었음을 알 수 있다.

그런데 4세기 이후가 되면, 농업경영에 주조로 된 철제 농토목용구 이외에 얇은 철판을 두드려서 만든 단조(鍛造) 철제 농토목구가 광범위하게 등장한다. 아울러 철제 보습을 장착한 우경이 점차 보편화되어 백제의 농업 생산은 전반에 걸쳐 커다란 변화를 겪는다. 철제 농토목용구는 서력기원 전후인 원삼국시대에 점차 제한적으로 사용되다가 4세기대 이후부터 다양한 형태로 급격한 증가 추세를 보이기 시작한다. 이때는 기존의 철제 농기구였던 주조괭이류와 따비류 이외에 새로이 논밭갈이 기구인 'U'자형 쇠삽날과 쇠스랑, 중경 제초작업에 사용된 쇠괭이·호미·살포가 사용되었다. 그리고 수확구인 쇠낫 등 철제 농기구가 주조와 단조의 방법으로 제작되었다. 이들 농기구의 발전은 농경지 개간과 경작규모의 확대를 한껏 부추겨 농업 생산력이 크게 증대하게 되었다.[3]

이와 관련하여 백제지역에서 출토된 농토목용구의 현황을 살펴보면 다음과 같다.[4] 경기도 양평(楊平) 대심리(大心里)에서는 철제 칼 1점, 괭이형 철제 도끼 4점과 함께 호미편 1점이 출토되었고,[5] 경기도 가평 이곡리에서도 보습틀이 출토되었는데[6] 이는 우경과 관련되는 중요한 자료로 평가되고 있다. 그밖에 충북 충주 하천리 주거지에서는 쇠괭이와 'U'자형 쇠삽날[7](가로폭 23.7cm, 길이 19.2cm) 등 철제 농토목구가 출토되었다. 가장 많이 나오는 철제 농토목구로는 주조괭이와 낫이며, 앞 시기에 보이지 않던 'U'자형 쇠삽날과 쇠스랑도 나타나 주목을 끌었다. 철제 낫은 전국적으로 많은 양이 출토되었지만, 주조괭이나 살포날·쇠스랑 등은 남한지역에서 집중적으로 나오는 유물이다.

쇠낫은 철기시대의 철도자를 대신하여 논·밭농사에 널리 사용되던 대표적인 수확구로서 서력기원 전후부터 삼국시대에 이르기까지 가장 많은 양이 출토되었다. 쇠낫은 형태상으로 보아 날이 수직으로 뻗은 직인(直刃)낫과 날이 굽은 곡인(曲刃)낫으로 구분되는데, 주로 곡인낫이 대부분을 차지한다. 직인낫은 줄기가 하나인 작물 또는 나뭇가지를 자르는데 편리하며 주로 벌채용이나 밭농사에 적합하다. 반면 곡인낫은 여러 개체가 하나의 포기를 이루는 작물을 한꺼번에 잡아서 베는데 사용하였다. 주로 풀을 베는 데나 또는 논농사에 적합한 것으로 알려져 있다. 크기는 3.5㎝ 이하의 소형, 3.5~5㎝ 정도의 중형 그리고 5㎝ 이상의 대형이 보이는데, 대형 쇠낫이 규모가 큰 대형 묘에 부장되었던 것으로 보아 무기의 일종으로 여겨진다. 부여 부소산성에서는 길이 50㎝가 넘는 대형 낫이 출토되어 무기의 일종으로 보인다. 4세기 이전의 쇠낫은 돌칼을 이용하여 이삭을 따던 수확방법이 그대로 적용되었기 때문에 낫이 차지하는 비중은 그리 높지 않았다. 그러나 4세기 이후 쇠낫 사용이 일반화되면서 지역에 따라 독특한 형식의 낫이 존재하였다.

이와 같이 쇠낫은 수확할 때에 그루터기를 뿌리째 베어내기가 쉬워 작업효율을 크게 높여 노동력을 절감시키는 효과를 얻을 수 있다. 백제 지역에서는 서울 구의동(九宜洞)유적,[8] 청주 신봉동 토광묘군,[9] 임실 금성리(任實 金城里) 석곽묘,[10] 남원 월산리 고분[11] 등 여러 지역에서 각각 출토된 바 있다.

쇠괭이는 다른 이름으로 ‘주조괭이’ 또는 ‘주조철부(鑄造鐵斧)’ 등으로도 부르는데, 기원전부터 6세기까지의 주로 분묘유적에서 보편적으로 출토되는 철제 농토목용구 중의 하나이다. 쇠괭이는 종래의 목제괭이를 철제로 전환시켜 폭이 좁은 형태로 발전시킨 경작용 농구로서 주로 경상도 지방에서 집중 출토되고 있다.[12] 이는 흙덩이를 부수어 고르거나, 파종할 도랑을 만들고 제초작업을 할 때에 사용되었다. 그래서 쇠괭이는 밭농사에는 작업효율을 높이고 노동력을 절감하는데 중요한 기능을 발휘하였다. 처음에는 무쇠를 써서 만든 주조품이어서 다소 부스러지는 단점이 있다. 그러나 기원전 1세기 무렵에는 차츰 제대로 제작되어 보급되면서 나무괭이를 대치하게 된 듯하다. 4세기 이후에는 대량으로 보급되다가 6세기 이후에는 급격히 감소된다. 그 형태는 기원전의 경우 괴통의 횡단면이 장방형으로 종단면이 이등변삼각형으로 되어 있었으나, 기원 후에는 종단면이 직각삼각형을 이루는 것이 일반적이다. 크기는 4세기 이전의 경우 길이가 10~15cm 정도에 지나지 않는 적은 규모였다. 그 이후에는 돌대(突帶)가 드러나고, 날끝이 좌우로 넓어지면서 잘록한 형태로 발전하였다. 그리고 초기의 쇠괭이는 단단하나 부러지기 쉬운 백주철(白鑄鐵)로 만들었으나, 점차 대량 생산이 가능한 주조법을 사용하였다. 또한 부러지기 쉬운 백주철의 성능을 보완하는 유화처리 기술이 적용되면서 널리 실용화 단계로 접어들게 되었다. 백제지역에서는 수원 팔달동유적, 양평 대심리A유적, 충주 하천리유적, 청주 신봉동 토광묘,[13] 전남 해남 월송리고분[14] 등에서 각각 출토된 바 있다.

'U'자형 쇠삽날은 'U'자형 모양을 가졌다고 해서 붙여진 이름인데, 목제 삽 · 괭이 · 가래 · 따비 · 쟁기 등의 날끝에 끼워 사용한 농기구이다. 이 도구는 흙 속에 깊이 밀어넣어 땅을 깊이 갈 수 있을 뿐 아니라 나무 삽에 비해 한 번에 많은 양의 흙을 떠서 옮길 수 있는 장점이 있다. 'U'자형 쇠삽날은 목제 따비나 가래의 날끝을 'U'자형 철판으로 보강한 갈이기구이다. 여러 사람이 공동 협력하여 땅이나 도랑을 파거나, 제방을 쌓을 때 사용하는 등 논농사를 위한 농토목용구로 사용되었다. 'U'자형 쇠삽날은 다른 농토목구에 비해 출토량이 매우 적은 편이다. 이 농토목용구는 단조제품으로 외측면의 두께가 얇고, 안쪽에 흠이 파여 평면 형태가 'V'자나 또는 'U'자형을 이루었다. 크기는 대부분 높이 20~24cm, 폭 10~20cm 정도이다. 크기가 작으면서 전체 높이에 비해 폭이 넓은 형태에서 점차 크기가 커지고, 높이가 긴 형태로 변화한 것으로 보고 있다. 이른 시기의 것은 고구려 지역에서 먼저 발견되는데, 1세기경의 유적인 황해도 은율 운성리토성에서 출토된 것이 있다. 남한지역에서는 대부분 4세기 이후에 서울·공주·창령·경주·포항·김해·진주·부산지역에서 광범위하게 출토되어 쇠스랑과 함께 농업 생산력 증가에 크게 기여한 농토목용구라 할 수 있다. 특히 경주 황남대총 남분에서는 쇠삽날 14개와 쇠스랑 20개가 함께 출토되어 쇠스랑과 함께 중요한 갈이기구로 기능하였음을 보여주고 있다.

백제지역에서는 충주 하천리 F지구 1호주거지를 비롯하여 서울 몽촌토성·석촌동 3호분 동쪽 고분[15]·구의동과 용인 수지주거지, 공주 공산성, 남원 세전리유적,[16] 전남 해남 월송리 조산고분 등에서 각각 출토되었다. 'U'자형 쇠삽날의 등장은 따비의 소멸과 관련이 있는 것으로 짐작된다. 즉 주로 경상도 지역에서 집중적으로 출토되는 따비는 5세기

'U'자형삽날과 쇠스랑

이후에 거의 나타나지 않는다. 대신 'U'자형 쇠삽날·살포·호미·쟁기날이 증가하여 따비의 기능을 대신하는 것으로 볼 수 있다.

쇠스랑은 퇴비를 쌓아 올리거나 갈이작업과 김매기에 효과적으로 사용하던 경작용 농구로서 그 출토량은 많지 않다. 이 농기구는 4세기 이후 백제나 신라지역에서 특징적으로 나타난다.[17] 나무자루를 끼워 넣는 소켓트 부분과 날의 꺾인 각도는 45° 내외이다. 날 길이는 대략 14㎝ 이하가 많고, 날은 대개 3개 또는 4개로 되어 있다. 쇠스랑이 사용되기 전에는 나무로 된 쇠스랑이 한동안 사용되었다. 원삼국시대 유적인 광주 신창동유적에서 참나무로 만든 세 갈래 난 목제 쇠스랑과 4세기경의 전남 무안 양장리유적에서 출토된 3개의 목제 쇠스랑이 이에 해당한다. 백제지역에서는 서울 구의동[18]·아차산성, 경기도 광주 이성산성·양주 대모산성, 충남 서산 명지리 토광묘[19] 등에서 각각 출토되었다. 특히 서산 명지리의 것은 일본 오사카부[大阪府] 스킨산[紫金山] 고분 출토품과 같은 계통인 것으로 밝혀져 따비를 비롯한 농토목용구 들이 일본에 전해진 것으로 보고 있다.[20]

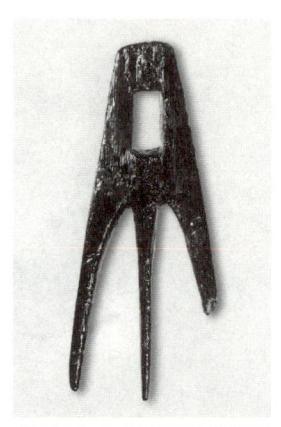

쇠스랑형 목제괭이(국립광주박물관)

살포는 네모난 몸통에 나무자루를 끼기 위한 가늘고 긴 괴통을 평행하게 연결한 농토목용구이다. 밭농사에서 고랑이나 이랑의 잡초를 제거하거나 또는 논에 물을 넣고 뺄 때 사용하였다. 특히 저수지의 배수작업

살포[청원 주성리(좌)·청주 신봉동(우) 출토, 국립청주박물관]

이나 수전을 개간하는 데 매우 효과적인 용구로 알려져 있다. 살포는 주로 4세기 이후 충청도 금강유역 이남지역에서 처음 출현하였고, 5~6세기에는 신라지역에 널리 확산되었다가 7세기 이후에는 감소되는 경향을 보여준다. 특히 6세기에는 창원 가음정동 3호 석실과 김해 구산동 석실묘에서처럼 작은 소품 형태로 출토되어 실용성보다는 의기적인 성격을 가진 것으로 풀이되었다.

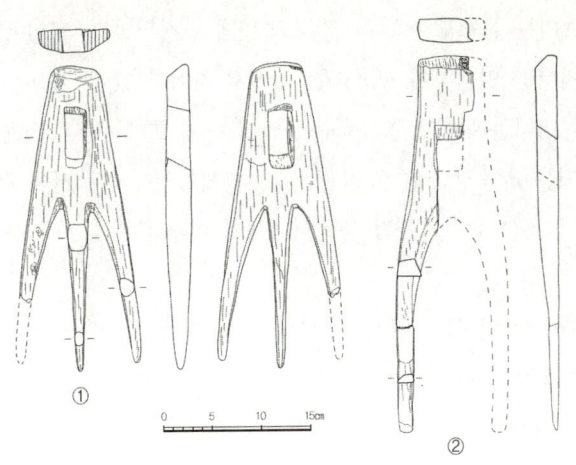

광주 신창동유적 출토 쇠스랑형 괭이(국립광주박물관, 『광주신창동저습지유적 I 』 1997, 92쪽)

살포는 날 길이 14~22㎝, 너비 5~10㎝ 정도의 소형 농토목용구로서 전
북 부안 죽막동유적에서는 1m가 넘는 긴 쇠자루가 연결된 상태로 출토
된 일도 있다. 백제지역에서는 서울 구의동유적, 충남 천안 용원리유
적·공주 공산성, 충북 청주 신봉동 4호분·청원 주성리유적, 전북 부
안 죽막동유적 등에서 각각 살포가 출토되었다.

쇠호미는 제초작업에 사용되었던 농기구로서 흙을 북돋아주고 작물
사이를 긁어 김을 매는 기능을 가졌다. 쇠호미는 원래 철판을 두드려
말아서 자루를 끼우기 위한 괴통을 만들고, 말각방형이나 사다리꼴 모
양의 날이 달렸다. 긴 자루를 괴통에 꽂아 사용하였다. 외견상으로 위
의 살포와 유사한 형태를 갖는데, 형태와 제작방법 등에서 차이를 보인

다. 즉 호미는 살포보다 날이 짧은 괴통에 연결되었고, 또한 'ㄱ'자형의 나무자루를 연결하여 사용하는 점에서 차이가 있다. 살포는 남한지역에만 나타나는 독특한 농토목용구인데 비해 호미는 우리나라 전역에서 출토되는 밭농사의 주요 용구이다. 백제지역에서는 서울 구의동유적과 충남 논산 표정리유적 등에서 5세기 이후의 쇠호미가 출토된 바 있다.

이와 같이 4세기 이후 철제 농토목용구는 백제 초기에 비해 양적으로 많아지고 종류도 다양하게 늘어났다. 또한 철기제작 기술에서도 용도에 맞게 주조와 단조의 방법을 적절히 사용함으로써 철기의 수명을 보장하는 기술이 응용되기도 하였다. 이러한 철제 갈이기구를 사용함으로써 황무지를 개간하여 경지면적을 넓히고, 작업능률을 향상시켜 농업 생산력을 보다 높일 수 있게 되었다.

이러한 철제 농토목용구들은 아직 일반 농민들이 개별적으로 소유할 만큼 확대되지는 못할 정도로 계층에 따라 철제 농토목용구를 소유한 수량과 종류면에서 차이가 있었음이 밝혀졌다.[21] 그리고 당시의 지배세력은 철 원료와 철기 제작기술을 독차지하여 철제 농토목용구의 생산을 장악·관리하였고, 이를 여러 재지세력을 통제하는 수단으로 삼았을 것으로 추정된다. 이를 통해 지배세력은 권력 증대의 주요한 경제기반을 넓혀가면서 고대 중앙집권적 귀족국가의 기반을 강화해 나간 것으로 판단된다.

(2) 우경(牛耕)의 보급

우경은 축력을 이용한 농경을 뜻한다. 소에다 쟁기를 매어 밭을 가는 우경은 농업 생산의 획기적인 기술 변화로 간주된다. 우경의 보급으로 종래 농경문청동기에 나타난 것처럼 따비나 괭이를 사용하여 인력에 의해 밭을 가는 단계에서 벗어나게 되었던 것이다. 이제 소가 철제 쟁기날을 장착한 쟁기를 끌면서 밭을 가는 우경의 형태로 농경의 경작형태가 달라지게 되었다. 이러한 현상은 밭농사뿐 아니라 논농사도 마찬가지였다.

농업 생산에 우경을 이용함으로써 무엇보다도 노동력을 절감하였고, 또한 깊이갈이를 통해 획기적인 농업 생산력의 증산 효과를 거두었다. 우선 우경을 이용한 농업경영은 종전의 경우처럼 따비나 괭이를 갖고 밭을 가는 것보다 시간을 단축시켜 훨씬 넓은 면적의 농토를 빠른 시간에 관리하는 등 경작능력을 제고시키는 계기가 되었다. 이처럼 우경을 통해 경작능력이 전보다 훨씬 향상됨에 따라 잉여노동력을 창출하게 되었고, 이를 새로운 토지 개간이나 수전 개발과 같은 집약적인 작업에 효율적으로 투입하는 능률도 올릴 수 있었다. 이로 인하여 종래 농업경영에 많은 노동력이 소요되던 영농방식에 기초한 사회 기반이 변화되어 나갔을 뿐 아니라 토지 소유를 촉진시켜 농민사회의 다양한 계층분화를 가져온 한 요인이 되기도 하였다.[22] 또한 축력을 이용한 우경을 실시할 경우 깊이갈이가 가능해져 종전보다 2.4배 정도의 노동 생산력이 향상되었고,[23] 토질의 개선도 가능하게 되었다. 따라서 우경의 보급은[24]

작업 효율을 크게 높여 농업 생산력을 증대시키고, 나아가 1인당 경작 면적도 확대되었다. 이는 결국 개별 가호 단위의 농업경영을 부추긴 계기가 되었을 것으로 짐작된다.[25]

백제를 포함한 삼국이 우경을 어느 시기부터 실시하였는지에 대해서는 관련 자료가 부족하여 알 수는 없다. 그러나 보습을 만들어 사용했다는 『삼국유사』 노례왕조 기사[26] 등과 더불어 우경을 처음 실시했다는 『삼국사기』 신라본기 지증왕조의 기사[27] 그리고 각지에서 발견된 철제 보습의 존재를 통해 우경의 보급 사실을 추정해 볼 수는 있다. 『삼국유사』 기록에 의하면, 신라가 이미 1세기경에 보습을 제작 사용한 것으로 되어 있으나 사료의 신빙성 문제가 제기되어 그대로 받아들이지는 않고 있다. 경상도 지역에서는 4세기경에 이르러서야 따비나 쟁기의 날끝에 쇠삽날을 끼운 'U'자형 쇠삽날이 출토되었다. 4세기 중후반으로 편년되는 황남대총 남분에서는 농토목용구인 'U'자형 쇠삽날 14점, 쇠팽이 295점 그리고 쇠스랑 20점 등이 출토되었을 뿐 보습날은 한 점도 나오지 않았다. 그리고 6세기 초 지증왕대의 우경 실시 기사는 이 시기에 와서 신라에서 처음 우경이 이루어진 것이 아니라 중앙정부 차원에서 공식적으로 농업 장려책의 일환으로 우경을 널리 보급시켰다는 의미로 받아들일 수도 있다. 그래서 신라의 경우는 4세기 이후 어느 시기부터 우경을 실시한 것으로 짐작된다.

고고학 자료를 통해 볼 때 삼국 중 가장 먼저 보습을 사용한 나라는 고구려이다. 가장 오래된 철제 보습은 고구려의 수도였던 국내성 자리인 만주 집안 유림향 지구촌에서 발견되었다.[28] 유물은 주조의 보습날 (길이 19.2㎝, 폭 5.4㎝)이다. 단면 'V'자형의 관(錧)과 삼각형 모양을 한 이 보습날은 대형이다. 그 형태상으로 보아 중국 전국시대부터 한나라에서 사용되던 것과 같은 계통의 것으로 판단된다. 그밖에 고구려의 것으로는 집안 태왕릉 주변·동대자 건물터, 평양 상원 2호 석실분, 경기도 양주 대모산성, 서울 구의동유적 등에서 출토되었다. 고구려 지역에서 출토되는 보습은 대개 끝이 날카로운 삼각형으로 되어 있는데 주로 중부 이북지방에서 출토된다. 이는 날끝이 둥근 형태인 'U'자형 보습을 사용하던 경상도 지역과는 차이를 보여주는 것이다. 밭농사 위주인 중부 이북지역의 농업 환경상의 차이에서 기인하는 것으로 가늠할 수 있다.

백제의 경우 고구려와 신라와는 달리 보습을 포함한 농업토목용구의 출토 사례가 많지 않다. 그러나 충주 하천리유적, 서울 몽촌토성과 석촌동유적 등에서 출토된 'U'자형 쇠삽날이나 다른 철제 농토목용구의 출토 사례에 비추어 철제 보습은 4세기 이후부터 제작 사용된 것으로 보인다. 여기서 보습과 관련하여 주목되는 유적은 서울 구의동유적이다. 이 유적에

서울 구의동 출토 보습(길이 44.4㎝, 서울 대학교 박물관)

서는 'U' 자형 쇠삽날과 호미·쇠스랑·낫 등의 농토목용구와 함께 쟁기 보습 4점이 출토되었다. 처음에는 백제 유물로 알려졌으나,[29] 이후 몽촌토성과 아차산성 일대의 고구려 군사요새가 속속 발굴조사되면서 5세기 후반~6세기 중반에 걸치는 고구려의 유물로 보고 있다.[30]

그런데 이 유물이 농업과 관련한 생산용구라는 점을 감안해 보면, 당시 백제 주민들에게도 그 제작 사용에 일정한 영향을 주었을 것으로 판단된다. 그 중 하나가 길이 44.4㎝, 폭 34.4㎝의 대형의 철제 보습이다. 이등변삼각형을 뒤집어놓은 형태를 한 이 보습의 가운데는 쟁기술을 고정하는 'V' 자형의 홈이 파져있다. 또 하나는 길이 25.5㎝, 폭 15㎝ 정도의 크기로 가운데에 보습을 목제 부속에 고정시키는 구멍을 뚫어 놓았다. 또 다른 것은 반달모양의 쇠판을 동그스럼하게 오무린 형태로서 가운데 사각형 구멍이 2개가 뚫렸다. 전체적으로 쇠를 사용한 이들 보습은 그 크기나 모양이 근래에 사용된 쟁기 보습과 흡사하다.

그밖에 백제지역의 보습자료는 전북 익산시 금마면의 익산토성 문터에서 출토된 보습이 있다. 이 지역에서는 백제 말기의 생활용기와 기와 편 등이 출토되었는데 백제 무왕대(600~641)의 익산 경영이나, 아니면 고구려 왕족인 안승(安勝)이 세운 보덕국(報德國)과 관련한 유적으로 판단된다. 파손이 심하여 정확한 형태는 잘 알 수 없으나 'U' 자형에 폭 1.2㎝ 정도의 목제 부품을 끼우는 홈이 파였다. 현재 길이 14㎝, 폭 16 ㎝ 정도의 보습날이 남아 있다.

이와 같이 우경의 보급은 철제 농기구의 사용과 함께 농업 생산력 발전을 촉진시켰고, 나아가 고대국가 체제의 확립에 획기적인 전기를 마련한 요소로 간주되고 있다. 그런데 우경을 널리 보급시키기 위해서는 보습의 제작이 대량으로 이루어져야 가능하였다. 보습의 제작은 그 자체가 고도의 전문기술을 필요로 했던 것은 물론이다. 그리고 그 대량 보급은 철자원, 전문적인 제작기술을 지닌 공인 집단의 존재, 대량 생산을 뒷받침하는 생산 공정이 갖추어져야 가능한 것이었다. 이러한 자원과 전문적 장인집단을 소유하고 보습을 대량 생산하여 각지에 널리 보급시키는 데에는 중앙정부의 역할을 통해 설명될 수 있다. 따라서 우경의 보급은 고대 중앙집권체제의 확립과정에서 하나의 시기를 긋는 중요 변수가 되었다.

(3) 관개 수리시설의 축조와 정비

벼를 재배하는 데에는 다량의 물이 필요하다. 논벼는 생육기간 중 거의 담수상태로 재배하는 것이 일반적이다. 벼 생육에 필요한 관개수의 공급을 통하여 양분이 천연으로 공급되었다. 또한 온도 조절 기능과 잡초 발생의 억제, 그리고 병충해 발생의 방지 및 각종 염류농도의 조절 기능을 갖는다. 따라서 벼농사에서 관개수는 생리작용에 필요한 생리수의 공급과 그것이 자라는 입지환경을 조절하기 위한 환경수로써 절대 필요한 것이었다.

백제시대에 관개 수리시설의 면모를 알려주는 자료가 그리 많지 않다. 주로 선사시대와 고대의 논유구와 관련하여 관개 수리시설이 부분적으로 조사되었기 때문에 그 전모를 알기가 쉽지 않다.[31] 현재까지 알려진 백제권 지역의 관개 수리시설에 관한 유적으로는 청동기시대의 유적인 논산 마전리유적, 부여 구봉리유적, 보령 관창리유적이 있다. 그리고 백제시대의 것으로는 천안 장산리유적, 무안 양장리유적, 김제 벽골제, 부여 구봉리유적·궁남지유적·합송리유적, 대전 노은동유적 등이 조사되었다.

논에 관개 수리시설을 통해 물을 공급하기 위해서는 용수로와 보(洑), 그리고 집수지 등과 같은 부속시설이 필요하다. 지금까지 조사 연구에서 나타난 선사·고대의 관개 수리시설의 형태는 먼저 폭이 좁은 하천에 보를 설치하여 물을 담아두거나, 또는 끌어올려 보의 한쪽 끝과 맞닿게 설치된 용수로로 물을 공급한다. 용수로를 거쳐 논으로 운반된 용수는 취수구를 통해 용수로와 접한 논으로 공급된 다음 논둑에 설치된 물꼬[水口]를 거쳐 아래쪽의 논으로 공급되는 형태를 취하고 있다. 논의 관개 형태는 선사시대부터 고대에 이르기까지 크게 변하지는 않았지만, 보와 용수로의 규모에서 차이가 있었던 것으로 보인다. 지금까지 조사된 선사·백제시대에 이르는 관개 수리시설에 관한 유적을 소개하면 다음과 같다.

논산 마전리유적 C지구[32)]에서는 청동기시대의 논유구와 함께 수로와 수문, 저수장 등의 관개시설이 조사되었다. 이 유적은 남동쪽으로 펼쳐진 구릉사면과 그 아래에 위치한 저지대로 이루어졌는데, 구릉과의 경계 지점에 물이 솟아나오는 용수(湧水)가 있다. 이 용수가 저수장에 집

수되게 파놓은 폭 1m 내외(최대 2~3m), 깊이 0.5~1m의 수로가 여러
개 설치되었다. 수문시설은 수로를 거쳐 직접 저수장에 연결되었고, 종
으로 말뚝을 박은 다음 다시 횡으로 판목을 쌓았다. 이는 급수량을 조
절하는 동시에 과다한 토사 유입을 방지하는 역할을 하였을 것이다. 평
면 형태가 타원형으로 최대 깊이 1.5m, 직경 6×4m 정도인 저수장은
수전면보다 약간 높은 구릉 말단부에 위치한다. 저수장의 기능은 수로
를 통해 유입된 물을 저수장에 머무르게 함으로써 수온을 상승시키는
기능을 하였던 것으로 보인다.

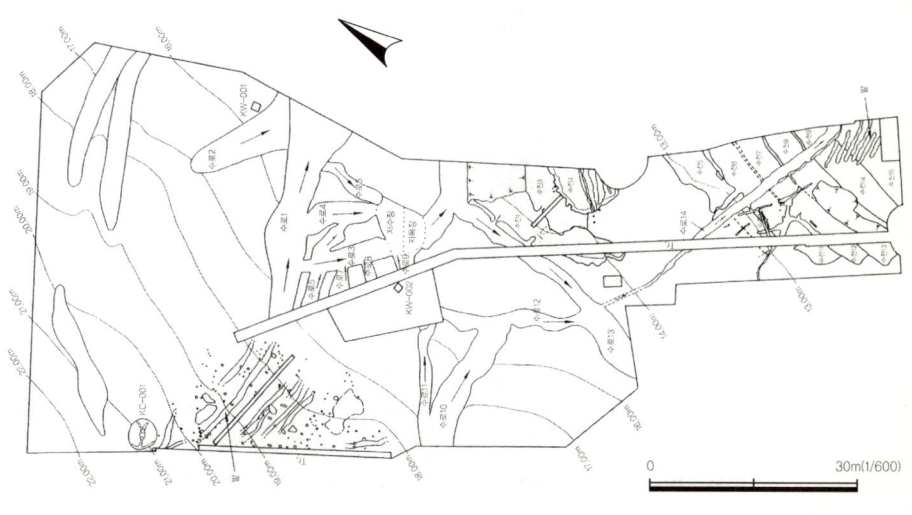

논산 마전리유적 C지구 수전 배치도(고려대학교 매장문화재연구소, 『마전리유적』, 2004, 6쪽)

논산 마전리유적 수전 관계시설 배치도
(고려대학교 매장문화재연구소, 『마전리유적』, 2004, 121쪽)

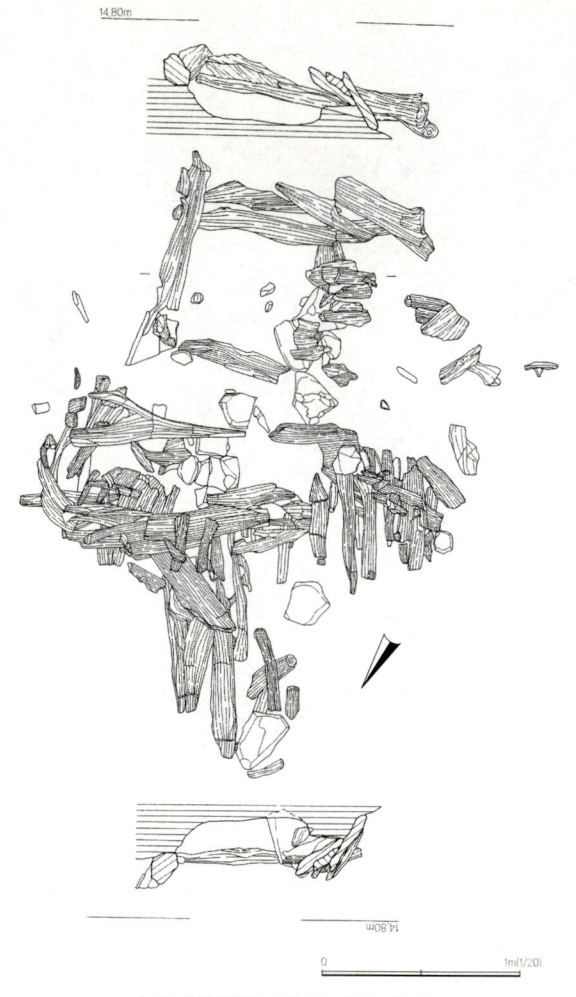

14.80m

0   1m(1/20)

논산 마전리유적 수전 관계시설 실측도(1)
(고려대학교 매장문화재연구소, 『마전리유적』, 2004, 127쪽)

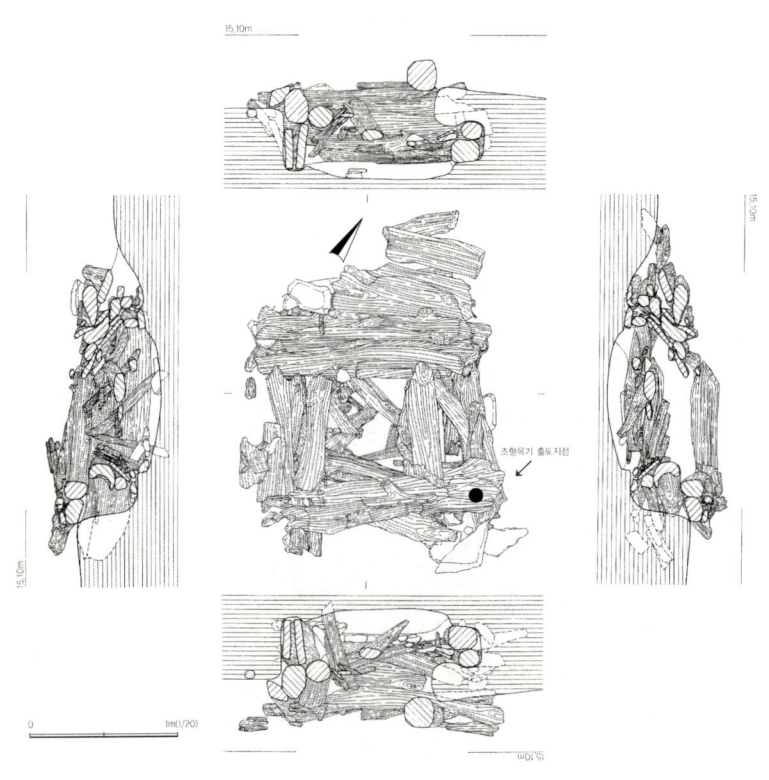

15.10m

조형목기 출토지점

0 ────── 1m(1/20)

논산 마전리유적 수전 관계시설 유구 실측도(2)
(고려대학교 매장문화재연구소, 『마전리유적』, 2004, 131쪽)

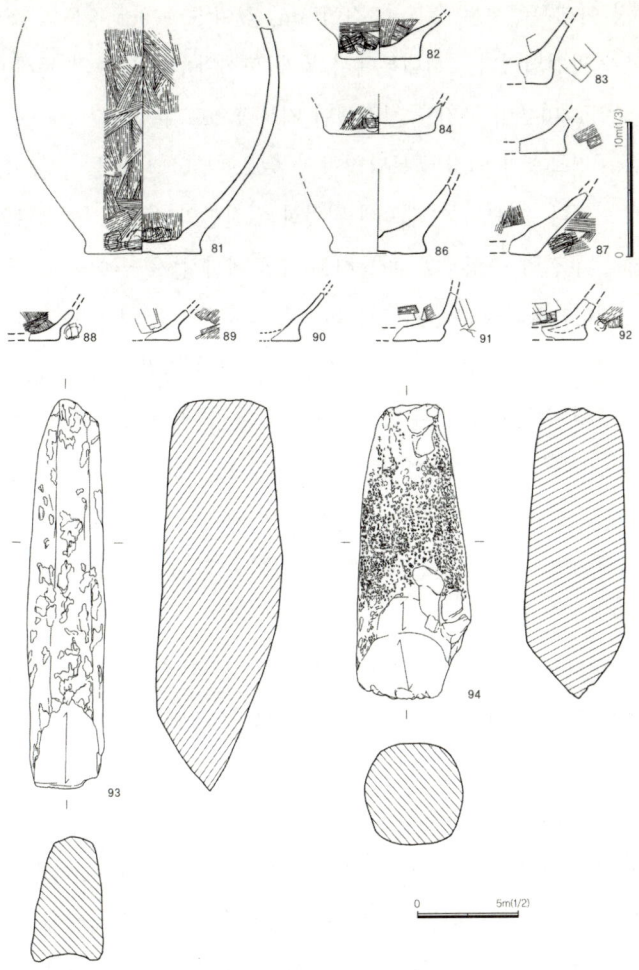

논산 마전리유적 저수장 및 저목장 출토유물
(고려대학교 매장문화재연구소, 『마전리유적』, 2004, 136쪽)

저수장 아래쪽에서는 폭 4m, 길이 3m, 깊이 50~70㎝ 정도의 소형의 웅덩이가 확인되었다. 그 내부에서 목제 도끼자루와 다수의 목재가 발견된 것으로 미루어 목기를 저장했던 저목장으로 추정된다. 제1~4수전면으로는 저목장과 연결된 북남방향의 수로로부터 직접 물을 끌어들인 것으로 보인다. 이보다 아래쪽에 위치한 수전면의 경우는 이 수로와 직교하면서 수전의 중앙부를 관통하는 수로에서 물을 끌어들인 것으로 보고 있다. 마전리의 수전은 기본적으로 소구획 수전형에 속하지만 경사도가 약해지는 아래쪽으로 내려가면서 수전의 면적이 넓어지는 장방형계 계단식 수전이라 할 수 있다. 작은 것은 한 변이 3~4m의 방형 및 부정형이고, 큰 것은 등고선 방향으로 길이 15~18m, 폭 4~5m 정도의 장방형으로 구획하였다. 수전의 아래쪽 일부에서는 밭고랑이 확인되어 기후 여건에 따라 논과 밭을 바꾸는 경지의 전환 방식이 활용되었던 것으로 확인되었다.

보령 관창리유적[33]은 청동기시대의 논과 5기의 보(洑)가 확인되었는데, 5기의 보 중에서 폭 4m 정도의 4호 보만이 논과 같은 시기의 것으로 추정된다. 4호 보는 물길과 직교하는 방향으로 말목을 박은 다음 횡방향으로 나무를 덧대어서 만들었다. 논에 물을 공급하는 형태는 수구를 거쳐 물을 바로 입수시키는 것으로 보았다.

그밖에 최근 광주 동림동유적에서는 청동기시대~백제시대에 이르는 대규모 주거지와 함께 토광묘 및 수리시설이 확인된 저습지를 조사하였다. 저습지 서쪽에서 남북방향으로 길게 자리잡은 목조 구조물인 보

0 　　　　　10m

보령 관창리유적 수전 배치도
(고려대학교 매장문화재연구소, 『관창리유적』, 2001, 507쪽)

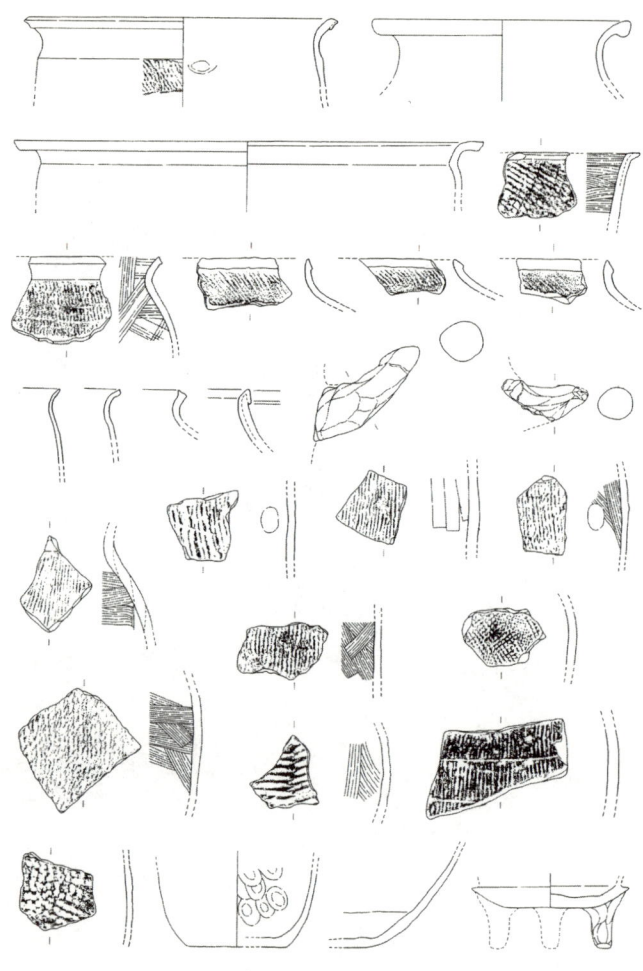

보령 관창리유적 수전 수로 출토유물
(고려대학교 매장문화재연구소, 『관창리유적』, 2001, 515쪽)

가 확인되었다. 보의 현존 길이는 약 15m, 너비 2.2m로서 가장 아랫단에 지름 60㎝ 이상되는 큰 통나무를 박은 다음 나무 4개 이상을 경사지게 층층이 쌓았던 흔적을 찾아냈다.

천안 장산리유적[34]에서는 원삼국시대의 논과 집수지, 보가 조사되었다. 보는 수로와 직교하는 방향으로 말목을 박은 다음에 횡방향으로 잔가지를 덧대어 만든 형태를 취하고 있다. 1호 수로에는 5개, 2호 수로는 6개, 3호·4호 수로는 각각 1개 지점의 보가 설치되었다. 아직 논으로 연결되는 취수구는 발견되지는 않았기 때문에 보에 채웠던 물을 퍼서 논에 공급하였을 것으로 추정하였다. 그리고 물길을 막은 시설인 폭 7.5m의 집수지가 발견되었는데, 0.2~0.4m의 간격으로 말목을 박은 다음 그 위에 점토를 채워 보강한 형태로 보았다.

무안 양장리유적[35]은 농경과 관련된 수리시설과 함께 주거지 등의 생활유적이 조사된 복합유적으로 3~5세기에 해당한다. 여기서는 주거지 37기, 수혈 13기, 인공수로 환호와 건물터 10기 그리고 통일신라시대의 팔각건물터 등이 조사되었다. 이 유적에서

무안 양장리유적 전경(목포대학교 박물관)

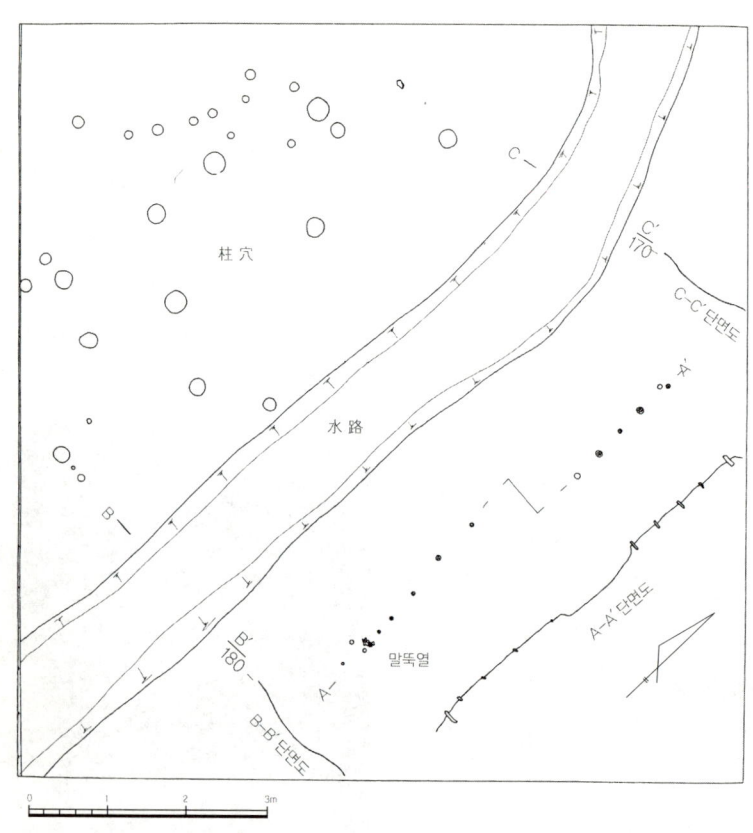

柱穴

水路

말뚝열

C'
170

C─C'단면도

A'

A─A'단면도

B─B'단면도

B'
180

0   1   2   3m

광주 신창동유적 수로 B 배치도
(국립광주박물관, 『광주신창동저습지유적Ⅰ』, 1997, 74쪽)

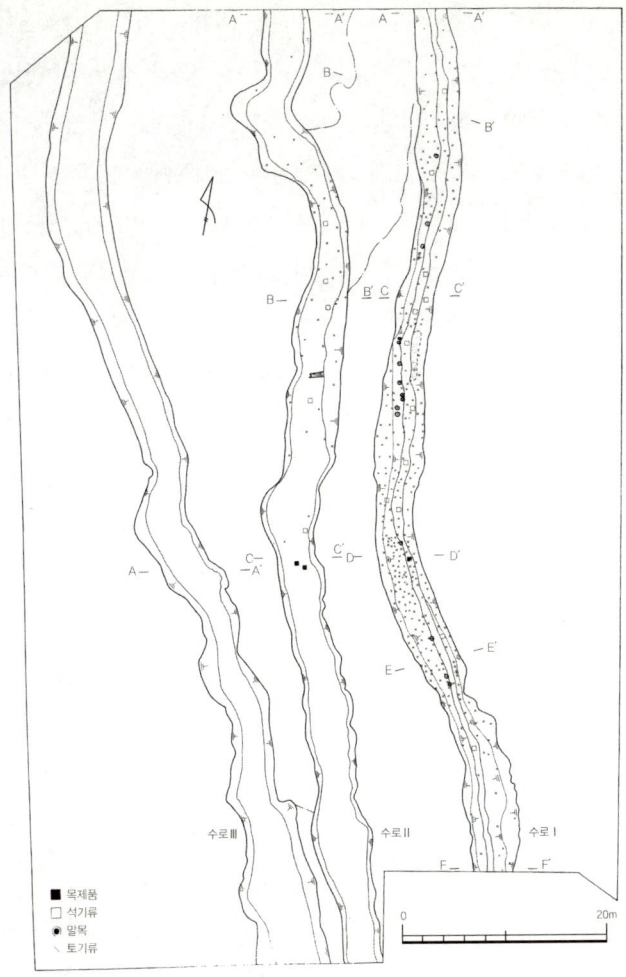

무안 양장리유적 수로 배치도(목포대학교 박물관, 『무안 양장리유적 I 』, 1997, 167쪽)

주목되는 것은 가지구 산사면의 경사 변환지점에 위치한 약 280㎡ 크기의 저습지이다. 이 지역에서는 농경과 관련된 둑을 보강한 말목열을 비롯한 목조 구조물이 확인되었고, 유기물포함층에서는 목제 농기구를 포함한 생활도구와 건축 부자재 200여 점의 목제 유물이 출토되었다.

이와 함께 조선시대 이후에 축조된 것으로 보이는 저수시설인 둠벙이 저습지가 일정한 간격으로 발견되었다. 주거지 인접지에서 확인된 인공수로는 환호적 성격을 띠었다. 이 인공수로는 곡간 평지부에서 발견된 주거지 주변을 따라 동서방향으로 길게 형성되었다. 수로는 처음에는 자연적으로 이루어졌다가 이후 인위적으로 개축되어 주거생활에 이용한 것으로 보인다. 이는 저습지에서 역류해 들어오는 물을 막기 위한 시설로 풀이된다. 수로 내부에는 100개체 이상의 토기류와 함께 석기·목기 등이 출토되었고, 말목구조물 등도 확인되었다.

부여 구봉리유적[36)]에서는 청동기시대의 논유구와 관개 수로 및 백제시대의 밭유구가 나왔다. 이 유적에서는 논의 가장자리를 따라 설치된 평행용수로와 함께 직교하는 형태의 용수로가 확인되었다. 청동기시대의 수로는 A지구에서 7기가 확인되었다. 제1수로는 폭 80㎝, 깊이 5㎝의 규모로 동서방향으로 진행되다가 남동쪽으로 꺾여져 있다. 제2수로는 제1수로가 꺾이는 지점에서 갈라져 남서쪽으로 진행하였다. 제5수로는 폭 1m 내외, 깊이 7~10㎝의 규모를 가진 가장 큰 수로인데 동서방향으로 진행하다가 동남쪽으로 휘어져 다시 동남과 서남방향으로 갈라진다.

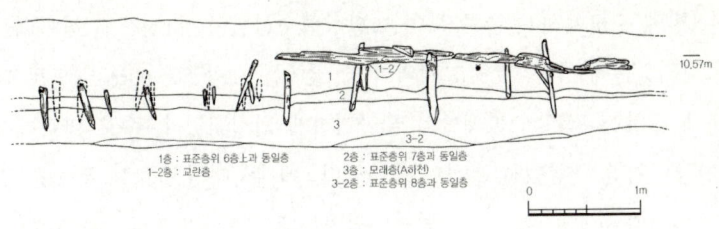

1층 : 표준층위 6층上과 동일층   2층: 표준층위 7층과 동일층
1-2층 : 교란층   3층 : 모래층(A하천)
                                     3-2층 : 표준층위 8층과 동일층

무안 양장리유적 목렬구조물 평면도(목포대학교 박물관, 『무안 양장리유적 I 』, 1997, 229쪽)

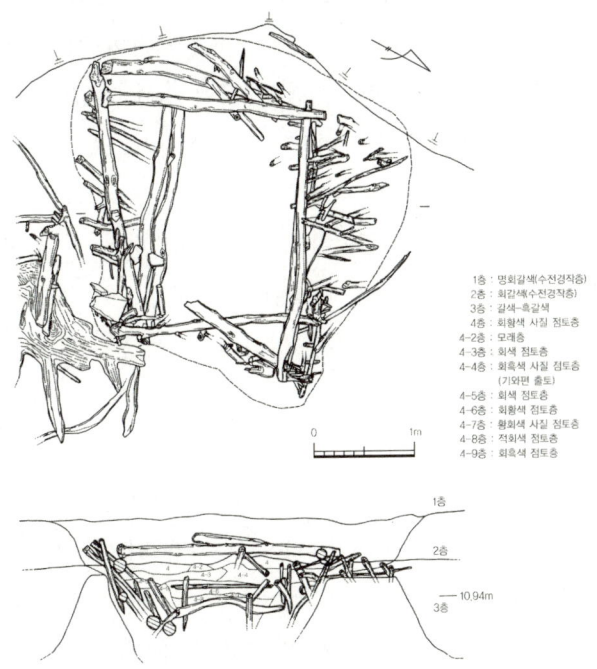

1층 : 명회갈색(수전경작층)
2층 : 회갈색(수전경작층)
3층 : 갈색~흑갈색
4층 : 회황색 사질 점토층
4-2층 : 모래층
4-3층 : 회색 점토층
4-4층 : 회흑색 사질 점토층
        (기와편 출토)
4-5층 : 회색 점토층
4-6층 : 회황색 점토층
4-7층 : 황회색 사질 점토층
4-8층 : 적회색 점토층
4-9층 : 회흑색 점토층

무안 양장리유적 둠벙 시설물(목포대학교 박물관, 『무안 양장리유적 I 』, 1997, 237쪽)

그밖에 수로에서 우물로 보이는 환상집수시설이 제1경작면 하부에서 확인되었는데 폭은 약 3m 내외이다. 깊이는 대략 50~60cm 정도로 내부에 다양한 크기의 목재들이 불규칙하게 퇴적되었다. 수로 바닥에서는 웅덩이를 조성했던 흔적이 드러났다. 백제시대의 수로는 폭 1m, 깊이 20cm의 규모로 A지구에서 확인되었는데 동서방향으로 설치되어 있다. 수로 안에서 2개의 웅덩이가 확인되었다.

부여 궁남지유적[37]에서는 지금까지 궁남지 내부 및 그 주변에서 목조 및 점질층으로 된 집수장 시설과 수로 및 건물지 등이 조사되었다. 1991년 제2차 발굴조사에서는 흑회색점토층에서 수로 14m와 둑을 보강하기 위해 세운 말뚝 20여 개 그리고 4·5m의 거리를 두고 심은 지름 60cm와 20cm 정도의 버드나무 뿌리를 발견하였다. 수로 주변에는 두 시기에 걸쳐 사용된 수전면이 있었던 것으로 추정된다. 1993년 제3차 발굴조사에서는 백제 성토층 아래 50~60cm 정도 두께로 퇴적한 암갈색 점토층에서 수로와 말목·나무·목재·할석 등을 이용한 수로 또는 보강시설과 수전경작층이 확인되었다. 수전경작층은 여러 차례에 걸쳐 경작된 것이 확인되었는데 최상층의 수전면은 10면으로 추정되었다. 수전을 이루는 논의 평면 형태는 말각장방형이나 부정형의 모양을 띠고 있었다. 그 중 큰 규모의 수전(약 6.3×5m=31.5m)은 약 10평 정도이고, 작은 규모의 것은 4~5평 정도였다. 논둑은 너비 약 20~50cm로 일정치 않았으나, 구획된 단위 논 둘레의 둑은 대체로 일정한 폭을 유지하며 돌려져 있었음이 밝혀졌다.

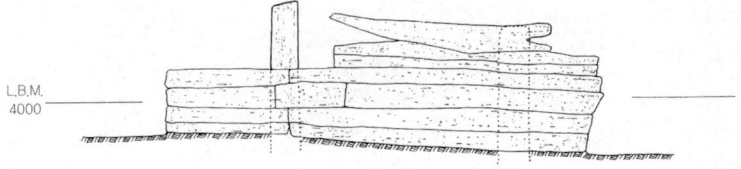

① A地域內 木造水路建設 남측벽(남→북)

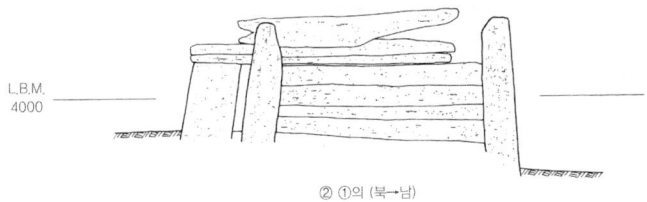

② ①의 (북→남)

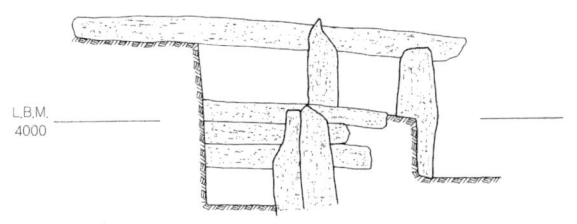

③ 木造水路施設 북측벽(남→북)

부여 궁남지 A지구 수로목조시설 입면도
(국립부여문화재연구소, 『궁남지』, 1999, 101쪽)

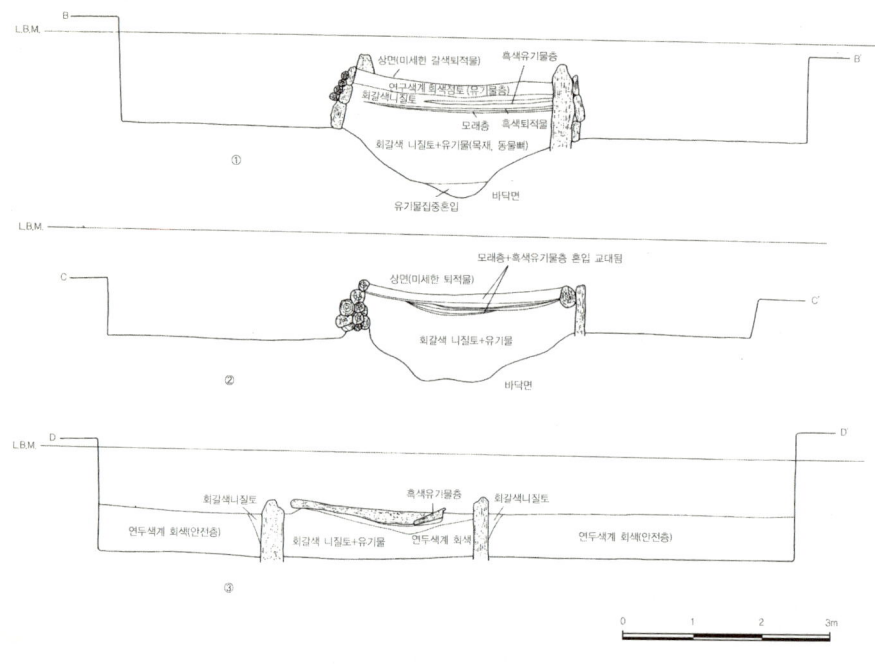

부여 궁남지 목조저수지 단면도(국립부여문화재연구소, 「궁남지」, 1999, 19쪽)

　　부여 합송리유적[38)]에서는 조사지역의 북서쪽과 북동쪽 일부에서 논둑과 수로의 흔적이 확인되었다. 논둑은 크게 3종류로 구분할 수 있는데 조사지역의 남쪽에서는 동서방향으로 폭 1.5m, 잔존 높이 25cm 내외의 대형 둑을 발견하였다. 북서쪽에서는 폭 0.4~1m, 잔존 높이 15cm 내외의 중형 둑과 수로 흔적이 확인되었다. 이 둑은 동서와 남북방향의 2개

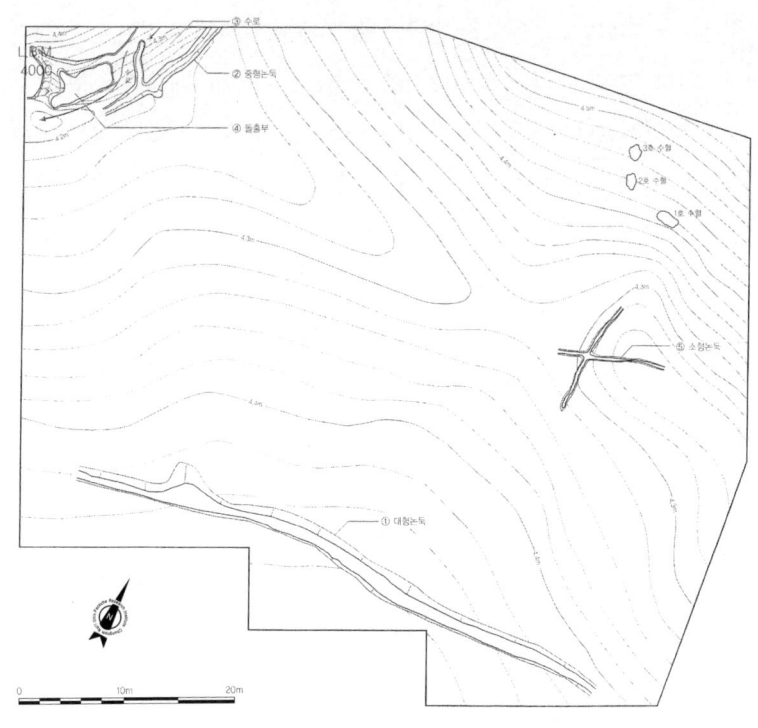

부여 합송리유적 백제시대 경작면
(충남대학교 백제연구소, 『부여 합송리유적』, 2004, 37쪽)

가 연결되었고, 남북방향의 둑은 폭이 40㎝ 내외이다. 수로방향과 직교하기 때문에 이들 둑은 수량과 유속을 조절한 것으로 판단된다. 수로의 폭은 4m 내외이고, 흐르는 물은 북동쪽에서 남서쪽 방향으로 진행된 것으로 보인다. 그리고 북서쪽으로 진행되는 폭 1m 내외의 소형의 수로도 확인되었다. 흐르는 물의 합류지점에는 두 수로가 교차하는 동서 6m, 남북 2.2m, 높이 20~25㎝ 정도의 돌출부가 있다. 동쪽에서 발견한 소형의 3번째 둑은 폭 30㎝, 잔존 높이 3㎝ 내외이다. 이 소형의 둑은 동서와 남북방향의 둑이 서로 교차되어 있는 형태이다. 이는 경작면 내부의 공간 구획을 위해 설치한 것으로 보이나 그 잔존상태는 미약하여 구획을 확인하지 못하였다.

대전 노은동유적[39] 제1지점에서는 경작활동과 관련한 백제시대의 관개 시설인 8개의 수로가 확인되었다. 녹회색점토층을 기반으로 한 이들 수로는 해발 78~79m 사이에 자리를 잡았다. 수로 내부에서 흐르는 물의 방향과 직교하는 말뚝시설(지름 20㎝ 내외, 잔존 길이 2.5m)이 확인되었다. 수로 ⑥에서는 12개의 말뚝이 확인되었는데 직경이 대략 7㎝ 내외에 이르는 이들 말뚝은 끝부분을 예리하게 다듬었다. 말뚝의 간격은 약 25㎝이고, 잔존 길이는 약 35㎝ 내외이다. 말뚝시설의 시료편을 채취하여 C_{14} 연대를 측정한 결과 그 중심연대가 330~540년으로 나타나 4~6세기 백제시대에 한해서 사용되었던 경작과 관련한 관개시설의 일부로 판단된다.

이와 같이 선사와 고대의 관개 수리시설은 용수로 · 보 · 집수지 등의

무안 양장리유적 저습지 1피트 두열 말목(목포대학교 박물관)

시설로 구성되었다. 먼저 용수원은 논의 입지 조건과 수로의 양상을 통해 여러 형태로 활용한 것으로 보인다. 용수원은 자연 강우에 의존하는 경우도 있고, 논산 마전리유적이나 천안 장산리유적처럼 골짜기 입구의 용수를 활용하는 경우도 보였다. 그리고 보령 관창리유적과 무안 양장리유적처럼 골짜기의 계류(溪流)나 부근 소하천을 활용하여 용수를 급수 받는 경우도 확인되었다.

이 경우 소규모 자연 하천과 수로 곳곳에 만든 보(洑)의 수위를 올려 주변 논에 용수를 공급한 것으로 판단된다. 그밖에 논보다 높은 곳에 저수지를 만들어 용수로를 거쳐 물을 공급하거나, 배후 습지를 활용하

무안 양장리유적 수로 1, 2 전경(목포대학교 박물관)

여 용수원으로 사용한 경우도 있었을 것이다.

　다음 용수로는 등고선과 평행한 방향이나, 또는 직교하는 방향으로 설치한 것으로 구분된다. 용수로는 일반적으로 논보다 높은 부분에 등고선과 평행한 방향으로 설치되었다. 용수원에서 용수로를 거쳐 물을 도수(導水)하는데, 용수로로 들어온 물은 취수구를 통해 논으로 공급된다. 그리고 높은 논으로 들어온 물은 다시 물꼬를 통해 아래쪽의 논으로 공급되는 방식을 취하고 있다. 논산 마전리유적과 부여 구봉리유적·합송리유적은 두 가지 형태의 용수로를 설치하였음이 확인되었다. 이러한 관개 수리형태는 일본 야요이시대의 후쿠오카 이타츠케[板付]

유적에서 발견된 수전에서도 공통적으로 나타나고 있다.

보(洑)는 보령 관창리유적과 천안 장산리유적처럼 수로와 하천에 설치되는 경우도 있다. 수로에 설치한 보는 천안 장산리유적처럼 물길을 가로지르는 방향으로 말목을 박은 다음 횡방향으로 나무를 덧대어 만들었다. 이때 사용된 말목은 지름 5~10cm, 남아 있는 길이는 30~60cm 크기이다. 보의 규모는 대체로 길이 15m 이상, 높이 1m 이내로 나무와 함께 돌을 사용해 축조하였다. 보의 물은 보령 관창리유적처럼 수로와 논의 경계에 물꼬[水口]를 설치하여 논에 물을 공급한 것으로 보인다.

물을 모아 저장해 두는 시설인 집수지는 천안 장산리유적처럼 수로에 설치되었고, 물길을 가로지르는 방향으로 말목을 박은 다음 그 위에 점토를 채워 보강한 형태를 보여주고 있다. 부여 구봉리유적에서도 동서 방향으로 설치된 폭 1m, 깊이 20cm 규모의 수로에 2개의 환상집수시설이 제1경작면 하부에서 확인되었다. 이 집수시설은 폭이 약 3m 내외이고, 깊이는 대략 50~60cm 정도였다. 내부에는 다양한 크기의 목재들이 불규칙하게 퇴적되어 수로 바닥에 웅덩이를 조성한 것으로 드러났다.

관개 수리시설을 갖춘 논의 형태는 주로 둑으로 구획한 소구획의 논에서 공통적으로 찾아진다. 부정형이기는 하지만, 소구획으로 나눈 부여 구봉리유적·궁남지유적·가탑리유적 등의 수전이 이에 해당한다. 논산 마전리의 수전은 기본적으로 소구획 수전형에 속하지만 경사도가 약해지는 아래쪽으로 내려가면서 수전의 면적이 넓어지는 장방형계 계단식 수전을 병용한 경우가 있다. 계단식 수전은 입지조건과 용수원의 정도로 보아 관개 수리시설을 갖추기 어려운 여건에서 나타나는 현상으로 보이는데, 주로 천수답 같은 형태로 경영되었을 것으로 추정된다. 이러한 입지조건에서는 용수 여하에 따라 논과 밭을 바꾸는 경지 전환의 방식이 부분적으로 나타나기도 한다. 부여 구봉리유적·서나성유적 등에서도 논과 밭을 전환하는 방식으로 경지를 효과적으로 활용한 일면을 엿볼 수 있다.

이러한 관개 수리시설들은 지역 주민들의 필요에 따라 자연 지세에 맞게 소규모로 축조되는 경우가 대부분이었을 것이다. 때로는 지역의 단위 정치체를 중심으로 생산기반을 지속적으로 유지하기 위해 관개 수리시설을 만드는 경우도 있었다. 산골짜기의 계류를 막아 물을 저장하는 제언 형태의 수리시설이 설치되기도 하였고, 또한 큰 하천 주변에 둑을 쌓아 하천의 흐름을 조절하여 물을 이용하는 보 형태의 수리시설도 있었다. 그러나 4세기 이후 백제의 성장과 발전에 따라 중앙정부 차원에서의 대규모 관개 수리시설이 축조 정비되는 사례가 나타난다. 4세기 중엽으로 추정되는 김제 벽골제 공사, 5세기 후반 개로왕대에 한강변에 대대적인 제방 축조, 6세기 초 무령왕대의 수리 제방시설의 축조, 그리고 7세기 전반 무왕대의 부여 궁남지 축조 등이 이러한 사례에 해당한다. 이러한 대규모의 관개 수리시설의 축조와 유지·정비작업에는 대규모의 노동력 동원과 재원 및 고도로 발달된 토목기술을 필요로 하였다. 제방을 축조하는 데에는 성을 쌓는데 응용되었던 토목기술 판축기법이 활용되었다. 서울 풍납토성의 축조와 김제의 벽골제 제방 축조

작업에는 흙과 초본류를 교대로 깔고 판축기법으로 쌓았음이 확인되었다. 그리고 5세기 후반 개로왕이 '진흙을 쪄서 성을 쌓았다(烝土築城)'는 축성법은 판축기법이 적용된 사례로서 제방을 쌓을 때에도 이러한 기술이 응용되었음을 쉽게 이해할 수 있다.

이러한 큰 규모의 역사를 진행하는 데에는 지역 단위 정치체의 힘만으로는 쉽게 이루어질 수 없고, 국가권력의 주도적인 역할이 전제되어야 한다. 특히 제방을 쌓는 데는 고도의 토목기술을 필요로 하는데 서울 석촌동 기단식 적석총의 존재로 미루어 백제는 4세기 무렵에 이미 고도의 측량 및 토목기술을 습득하여 이를 활용했을 것으로 짐작할 수 있다.

관개 수리사업을 효율적으로 추진해 나가기 위해서는 고도의 토목기술력 확보와 조직적인 노동력 징발수단과 관리체제를 갖추어야 하는 것은 물론 철제 농토목용구의 제작 보급이 요구된다. 농경이나 개간 및 관개 수리시설의 축조와 정비에 사용되는 농토목용구로는 단조(鍛造)로 제작된 철제 도끼류 · 괭이 · 자귀 · 톱 · 'U'자형 쇠삽날 등이 있다. 서울 구의동유적에서 출토된 도끼류, 임실 금성리 석곽묘에서 출토된 자귀, 나주 신촌리 9호분에서 출토된 톱,[40] 청주 신봉동 토광묘군에서 출토된 끌과 주조(鑄造)나 단조로 된 도끼류[41] 등이 이에 해당한다. 6~7세기 유적인 부여 궁남지의 수로에서 나무삽 2점이 발견되었는데, 진흙을 갈아엎는 작업에 사용되었던 도구였다. 순천 검단산성 내부의 우물터에서 나무삽 1점이 출토되었는데, 여기서는 철제 'U'자형 쇠삽날을 끼워 사용하였다. 그리고 운반용 도구로는 부여 능산리사지와 동나성

에서 지개 발체와 담가(擔架)가 출토되었다. 이러한 농토목용구가 보급
사용되면서 관개 수리시설의 축조와 정비가 한층 용이해지고 수전 개
발이 더욱 활발하게 되었다.

그런데 관개 수리시설의 축조와 정비는 수전 개발문제와 밀접한 관계
가 있다. 제방의 축조는 주변의 수전개발을 자연스럽게 부추겼다. 또한
가뭄과 홍수로부터 안전하게 전답을 유지하여 수확량을 높였다. 6세기
무렵 신라에서는 관개 수리시설을 전제로 하여 논이나 밭농사를 겸하
는 새로운 농업경영 방법이 모색되었을 것으로 보인다. 이는 6세기 이
후 신라에서 운용되었던 농법인 '수륙겸종법(水陸兼種法)'[42]이 참고될
수 있다. 수륙겸종법에 대해서는 여러 견해가 나왔지만, 기후와 용수
등의 여건 변화에 따라 논과 밭을 반복하여 전환하는 경작 방식으로 이
해된다. 논산 마전리유적을 비롯하여 부여 구봉리유적·서나성유적 등
에서도 논과 밭을 번갈아 전환하여 경지를 효과적으로 활용한 사례가
보인다. 이는 물 부족을 보완하거나, 잡초와 병충해를 방제하기 위한
목적에서 활용되었을 것이다. 또한 시비가 충분치 못한 상태에서 나타
나는 수확량 감소를 경지 전환이나 대체 작물의 힘을 빌려 극복하려는
의도[43]에서 이 같은 토지이용 방식이 적용되기도 하였다.

다음으로 관개 수리사업과 관련하여 주목되는 농법은 백제가 사용한
것으로 보이는 중간법(中干法)이다. 중간법은 5세기 무렵 일본의 농업
생산력을 크게 증진시키는데 기여한 것으로 알려졌다.[44] 중간법은 오늘
날의 간단관개법(間斷灌漑法)과 같은 것으로 이해할 수 있다. 즉 물을

넣고 빼는 방법을 써서 물로 김을 매는 농법인데 벼 뿌리에 산소를 공급하여 벼의 생육을 도와 생산력을 증대시키는 방법이다. 이러한 농법은 백제 이주민들에 의해 일본에 전해져서 그들이 정착한 하내지방의 상습전(常濕田)을 건전으로 바꾸어 농업 생산력을 한껏 높였다. 이는 단위 면적당 종전보다 3배나 증산시키는 효과를 거두어 5세기에 이르러 마침내 '농업혁명'을 이루게 되었다고 한다.[45] 저습지와 같은 상습전이나 반습전은 항상 지하수위가 높고, 클레이층 바로 층하에 형성되어 배수가 원활하게 이루어지지 않았다. 그리고 토양의 영양도가 낮고 수확량도 적기 때문에 지하수형 습전을 건전으로 바꾸어야 농업 생산량의 증대를 기대할 수 있었던 것이다.[46] 이렇게 습전을 건전으로 바꾸는 사업에는 단조철로 된 농토목용구의 생산과 고도의 토목·측량기술의 습득 및 노동력의 조직적인 동원을 필요로 하였다.

관개 수리시설이 갖추어지면서 논의 형태는 주로 둑으로 구획된 소구획의 논이 공통적으로 나타났다. 논의 구획을 설정한 것은 작물을 적정하게 심기 위한 간격을 가늠하는 기능과 함께 농업 노동력의 적정 배치 및 구획별 생산을 균일화 등을 통해 농업 생산성을 제고시키기 위한 의도로 판단된다. 논의 구획은 입지조건에 따라 서로 다른 형태가 이루어졌다. 백제 말기에는 논을 일정한 단위로 구획하는 일이 생겨났는데 부여 궁남지에서 발견한 목간에 적은 '수전오형(水田五形)'이라는 문구의 '형(形)'이 바로 논을 구획하는 단위인 것으로 판명되었다. 부여 궁남지유적에서 발견된 수전에서는 말각장방형이나 부정형의 소구획이 있었던 것으로 조사되었다. 부여 구봉리유적 · 궁남지유적 · 가탑리유적 등의 수전은 부정형이지만 역시 소구획으로 나누었다.

이처럼 관개 수리시설의 확보를 통한 수전 경작지의 확대로 농업 생산력이 증가하는 추세 속에서 주곡이 콩 · 보리에서 점차 쌀로 바뀌어 갔다. 6세기 무렵 백제의 곡물 가운데 쌀이 수취품목이었다는 점은 참고가 될 것이다.

2) 밭농사 중심의 백제농업

(1) 곡물자료의 조사 현황

우리나라에서 경작유구가 조사되기 시작한 것은 1990년대 이후의 일이다. 종래 고분의 부장품 가운데는 도끼류 · 낫 · 보습 등 농토목용구들이 많이 출토되었다. 그리고 주거지나 토기에 남긴 볍씨자국과 탄화미(炭化米), 또 다른 종류의 곡물들이 단편적으로 검출되어 농경생활 유적에 대한 관심이 쏠리기 시작하였다. 특히 1990년대 이후 광주 신창동유적,[47] 하남 미사리유적[48] 등에서 논과 밭을 포함한 농경유구 조사를 계기로 농업과 관련한 경제사 측면의 백제연구가 활기를 띠게 되었다.

우리나라에서 지금까지 곡물자료가 나온 유적은 많이 있었지만, 농경 관련 유구가 조사된 유적은 그리 많지 않다. 지금까지 밝혀진 농경유적 가운데 논유구 27개소와 밭유구 25개소에 지나지 않는다. 그러나 개발과 더불어 앞으로 더 많은 농경 관련 자료가 증가할 것으로 예상된다.[49]

그런데 지금까지 조사된 농경유적 중에서 유구의 성격이 분명치 않거나, 또는 그 범위가 좁게 설정되어 경작유구로 받아들이는 데에는 다소 검토의 여지가 있는 유적도 있다. 앞으로 경작유구를 파악하는데 따른 기준점 설정 문제와 아울러 보다 체계적인 학문적 입장에서의 접근 방법이 이루어져야 할 것이다. 지금까지 조사된 경작유구를 대상으로 한 연구는 초보적 단계를 벗어나지 못하였다. 그래서 농경유구의 입지조건과 형태, 수리시설과의 관계, 작물과 토양, 농기구 및 농법, 영농방식 등을 대상으로 한 종합적 검토가 이루어져야 할 것이다. 이를 통해 한국 고대의 농업 양상이 여러 측면에서 복원되어야 하는 것은 물론이다.

우리나라에서 벼농사를 했다는 직접적인 증거로는 불에 탄 쌀[炭化米]과 토기 몸통에 볍씨자국이 찍힌 무문토기 등이 있다. 이밖에 식물체 내에 흡수 축적된 규산(硅酸)으로 구성된 유리질의 식물 규산체[Plant Opal]의 분석을 통해 벼농사의 기원과 양상을 연구하는 방법도 시도되었다.

먼저 백제권 지역인 경기·충청·전라도 지역에서 출토 조사된 주요한 곡물자료의 조사현황을 살펴보면 〈표 1〉과 같다.

〈표 1〉에 의하면, 백제권 지역에서 곡물자료가 출토된 유적은 대략 29곳 정도이다. 지역적으로 경기지역에 11곳, 충청지역에 9곳, 전라지역에 9곳이 분포되었다. 시기적으로는 다소 연대상으로 논란이 제기될 수도 있지만 신석기시대부터 원삼국시대에 걸쳐 있다. 그런데 청동기시대 유적이 19곳으로 가장 많이 분포하였다. 곡물자료가 출토되는 지역

표 1. 곡물자료 출토 현황

번호	유적명	유적·유구	곡물 종류	연대	비고
1	경기 여주 흔암리	12호주거지, 산지	탄화미·조·보리·수수·콩	청동기시대 (기원전 8~6세기)	
2	경기 여주 흔암리	14호주거지, 산지	탄화미	〃	
3	경기 하남시 미사동	006호주거지	무문토기 밑부분에 볍씨자국	〃	
4	경기 하남시 미사동	030호주거지	공렬토기 구연부에 볍씨자국	〃	
5	경기 하남시 광암동	2호고인돌	볍씨자국	〃	
6	경기 부천시 고강동	7호주거지	〃	〃	
7	경기 고양시 가와지 1지구·성저리 1지구 등	토탄층	볍씨, 가래	4,330±80BP 4,070±80BP	
8	경기 광주시 궁뜰	지표 채집	볍씨자국	신석기시대	
9	경기 광주 사리	주거지	도토리	〃	
10	경기 양평 양수리	주거지		〃	
11	경기 강화도 우도	패총, 채집	볍씨자국		
12	충남 서산 휴암리	A6호주거지	〃	청동기시대	
13	충남 안면도 고남리	패총, 3호주거지, 구릉	탄화미, 볍씨자국, 조, 보리	〃	
14	충남 천안 백석동 94-B지역	2호집자리, 산지	쌀, 콩, 씨앗	〃	
15	충남 천안 대흥리	저장구덩	벼의 식물규산제	〃	
16	충남 서천 관산리		볍씨자국	〃	
17	충남 부여 송국리	54-1호주거지, 구릉, 저장시설	탄화미, 볍씨자국	기원전 6~5세기	
18	대전 신대동	7호주거지	탄화미	청동기시대	
19	충북 청원 궁평리	1호가마터	볍씨	〃	
20	충북 충주 조동리	주거지, 저장구덩, 평지	탄화미, 벼껍질, 밀, 보리, 수수, 기장	〃	

번호	유적명	유적·유구	곡물 종류	연대	비고
21	전북 군산 노래섬	패총	〃	〃	
22	전북 부안 소산리	유물산포지	〃	〃	
23	전북 익산 영등동	원형주거지	볍씨자국	〃	
24	전북 익산 부송동	2호주거지	〃	〃	
25	전남 순천 요곡리	유물포함층	〃	기원전 4~3세기	
26	전남 승주 대곡리	40–1호주거지	벼, 보리, 녹두, 콩	원삼국시대	
27	전남 여천 월내동	2–8호주거지	〃	기원전 4세기	
28	전남 해남 군곡리	토기가마터, 구릉	탄화미, 보리	3세기 초	
29	광주 신창동 I 기층	흑갈색유기물 부식토층	두꺼운 볍씨층, 탄화미, 오이·호도·살구 등 각종 씨앗류	기원전 100~ 기원후 100	

은 주거지가 제일 많고, 일부 토탄층이나 토기가마터에서도 발견되고
있다. 출토된 곡물은 탄화미를 포함한 쌀이 제일 많고, 그밖에 조·보
리·수수·콩·기장·밀 등이다. 이들 곡물들이 주요 경작 재배대상이
었음을 알려주고 있다. 특히 재배벼인지 또는 야생벼인지에 관하여 다
소 논란은 있지만 벼농사는 신석기시대 후기부터 시작되어 청동기시대
부터 본격화된 것으로 나타난다. 백제 말기의 유적인 부여 부소산성 안
의 군창터에서는 불에 탄 상태로 벼·밀·콩·팥·조·메밀 등이 발견
된 사례가 있다. 그러면 곡물자료가 출토된 주요 유적지의 개략적인 현
황을 살펴보자.

여주 흔암리유적[50]은 남한강 상류의 해발 123m의 구릉에 위치한 청동
기시대의 대표적인 취락유적지이다. 이 유적은 1972~1978년 사이에 서

울대학교 박물관에 의해 발굴조사되어 모두 16기의 주거지를 확인하였다. 출토된 유물로는 남한지방 민무늬토기를 대표하는 이른바 구멍무늬[孔列文]와 골아가리[口脣刻目]토기, 붉은간그릇으로서 한반도 동북한지방 계통과 연결되는 것으로 보인다. 그리고 서북한지방과 연결되는 변형된 이중구연의 단사선 장식이 달린 각형토기(角形土器)도 발견되었다. 그밖에 간돌검[磨製石劍], 긴 배와 같이 생긴 반달돌칼, 조개날도끼, 돌화살촉과 농기구로서 돌보습과 갈돌[石棒], 갈판[碾石] 등이 출토되었다. 특히 12호 주거지에서는 불에 탄 쌀·보리·콩 등의 곡물이 출토되었다. 탄화미는 장폭과 단폭의 비가 2미만 정도의 단립형(短粒形)으로서 금강유역의 부여 송국리와 대동강유역의 남경유적에서도 출토된 바 있다.

부여 송국리유적[51]은 1970년대 중반 이후 국립중앙박물관에 의하여 여러 차례 발굴되었다. 4~5㎢에 걸치는 넓은 지역에 분포한 이 유적은 대규모 취락지임이 밝혀졌다. 그 입지조건은 들판을 내려다 볼 수 있는 구릉지역이다. 이 유적에는 100여 기 이상의 주거지와 마을이 형성되었고, 마을 주변에는 환호(環壕)와 목책시설이 확인되었다. 원형과 장방형 두 가지로 이루어진 이들 주거지 가운데 처음 출현한 원형이 많은 편이다. 원형 주거지 안에는 바닥 가운데 부분에 길이 1.0m 안팎으로 타원형의 구덩이를 파고 기둥구멍 2개를 만들어 놓은 저장구덩이가 있다. 주거지 안에서 나온 토기로는 흔히 '송국리식토기(松菊里式土器)'라고 부르는 민무늬토기들과 붉은간그릇[紅陶], 검은간그릇[黑陶] 등이 있다. 석기는 반달돌칼[半月形石刀], 돌화살촉, 돌검, 가락바퀴, 돌도끼 등이 출토되었다. 특히 반달돌칼은 종류가 매우 다양하게 출토되었다. 특히 12·14호 주거지에서는 다량의 탄화미가 출토되어 청동기시대 벼 농사와 관련된 중요한 자료로 평가되고 있다. 이 유적의 연대는 기원전 6~5세기경으로 추정되었다.

순천 대곡리유적[52]은 청동기 후기에서 백제시대에 걸친 복합유적이다. 1985년 주암댐수몰지구 지표조사를 통하여 확인되었다. 이 유적은 보성강을 사이에 두고 형성된 하안지대에 자리한 이 유적에서는 고인돌 31기, 200여 기의 주거지, 소형 유구 약 50여 기, 그리고 2기의 가마터가 조사되었다. 조사된 주거지는 청동기시대의 원형주거지, 초기 철기시대에서 원삼국시대에 이루어진 말각방형주거지가 있다. 이 말각형 주거지의 중심연대는 철기시대로 추정되었다. 그리고 발굴지역 남쪽에 위치한 구릉지대에서 나온 원삼국시대의 주거지 내부에는 벼, 보리, 녹두, 콩 등의 곡물류가 출토되었다. 이를 통해 당시 보성강 유역의 충적지대에서는 농경의 양상을 엿볼 수 있게 해준다.

해남 군곡리유적[53]은 철기시대 유적으로 1986~1988년까지 모두 3차에 걸쳐 발굴조사가 이루어졌다. 해발 334m의 가공산(駕空山) 서쪽 기슭의 낮은 구릉에 위치한 이 유적에는 패각총, 주거지, 토기가마 등이 조사되었다. 그 중 토기가마터는 구릉의 경사면을 이용하여 적황색의 석비례층을 파고 만든 칸이 없는 지하식 굴가마이다. 출토된 유물은 계란모양토기, 깊은바리모양토기[深鉢形土器] 등 모두 타날문의 연질토기이다. 이 가마는 충북 진천의 산수리와 삼룡리의 가마터와 비교되는데 3세기 초반 유적으로 편년된다. 특징적인 유물로는 블록 샘플링한 곳에서 소형의 옥류와 탄화된 쌀 및 보리가 발견되었다.

광주 신창동유적[54]은 철기시대 초기 유적이다. 극락강(極樂江) 쪽으로 뻗은 해발 약 200m의 서쪽 산 북측 완경사면에 위치한 해발 25~30cm 정도의 저평한 구릉 사이의 곡간충적지에 형성되었다. 유적의 크기는 최대 너비 400m, 길이 800m 정도이다. 1963년 서울대학교 발굴조사단에 의해 총 53기의 독널무덤[甕棺墓]을 확인하였다. 이어 1992년 이래 국립광주박물관에서 여러 차례의 조사를 실시하여 토기가마, 환호, 밭, 주거지, 저습지 등 철기시대의 생산 및 생활·분묘유적을 찾아냈다. 그 중 소택지는 하성퇴적물에 의해 형성된 해발 25m 이하의 비교적 평탄한 충적대지의 하부에 위치하였다. 이 소택지는 영산강의 범람에 의해 형성된 배후습지성 호소(湖沼)의 하나이다.

유적의 맨 아래층에 해당되는 Ⅰ기층에서는 초목류가 부식되어 형성된 흑갈색 유기물 부식토층으로 농경관련 자료가 대량으로 출토되었다. 이 층위에서는 괭이·빗·목제검도구·칠기로 된 고배·목기뚜껑·통발 등 다양한 목제 유물과 볍씨·탄화미, 오이·호도·살구 등 각종 씨앗류, 민물고기뼈, 조개류, 짐승뼈, 점토대토기·바리·흑도고배 등 다양한 자료가 출토되었다. 이어 1995년 조사 때에는 흑갈색 유기물층이 형성된 저습지유적에서 칠기를 포함한 목제류, 각종 씨앗류, 조개껍질, 짐승뼈 등 당시 생활문화는 물론 유적의 고환경 복원에 필요

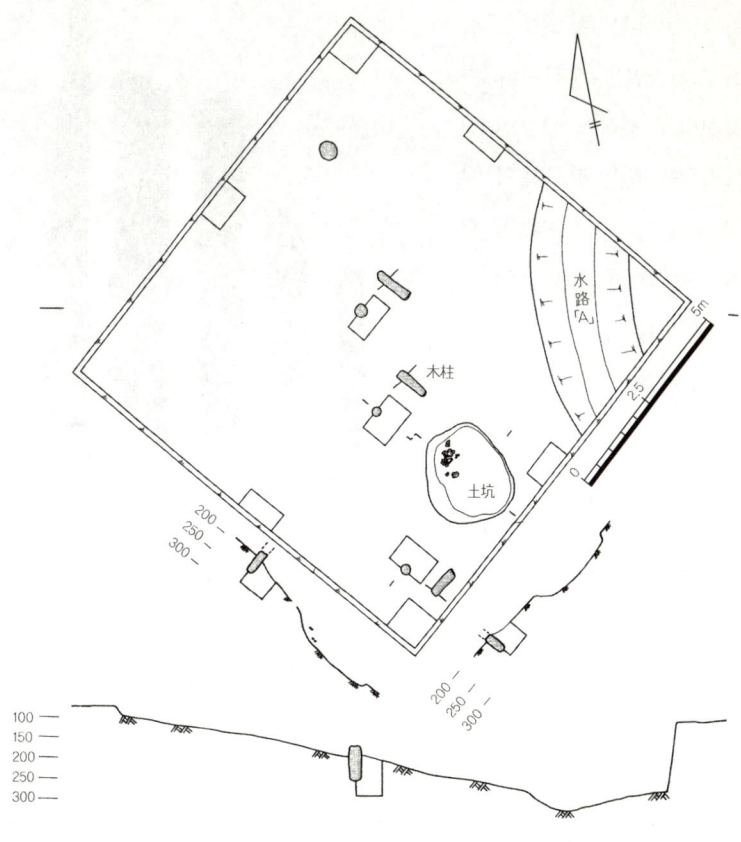

水路「A」

木柱

土坑

200
250
300

200
250
300

100
150
200
250
300

광주 신창동유적 배치도
(국립광주박물관, 『광주신창동저습지유적 I 』, 1997, 76쪽)

한 자료를 제공하였다. 특
히 목제 유물 중 최초의 발
화구(發火具), 짚신이나 가
죽신발의 제작에 필요한 신
발골[靴木型], 판목재의 문
짝, 목검과 그 부속구 등 당
시 다양한 목제 유물이 쏟
아져 나왔다. 그밖에 수로
및 말뚝열의 존재, 공방(工
房)으로서 수변가옥의 존재
가능성, 인골 등이 조사되
었다. 이 유적은 곡물자료

발화구(길이 21.7cm, 국립광주박물관)

와 관련하여 주목되는 것은 벼껍질층의 존재이다. 이 층은 벼껍질과 함
께 볏짚이 최대 155mm 두께로 집적되어 있었다. 이 벼껍질은 열매를 이

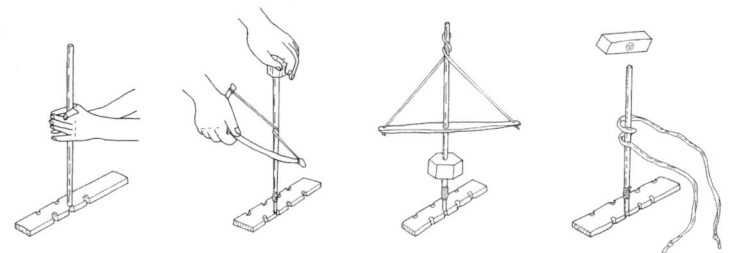

발화구 사용법(국립광주박물관, 『광주신창동저습지유적 I 』, 1997, 126쪽)

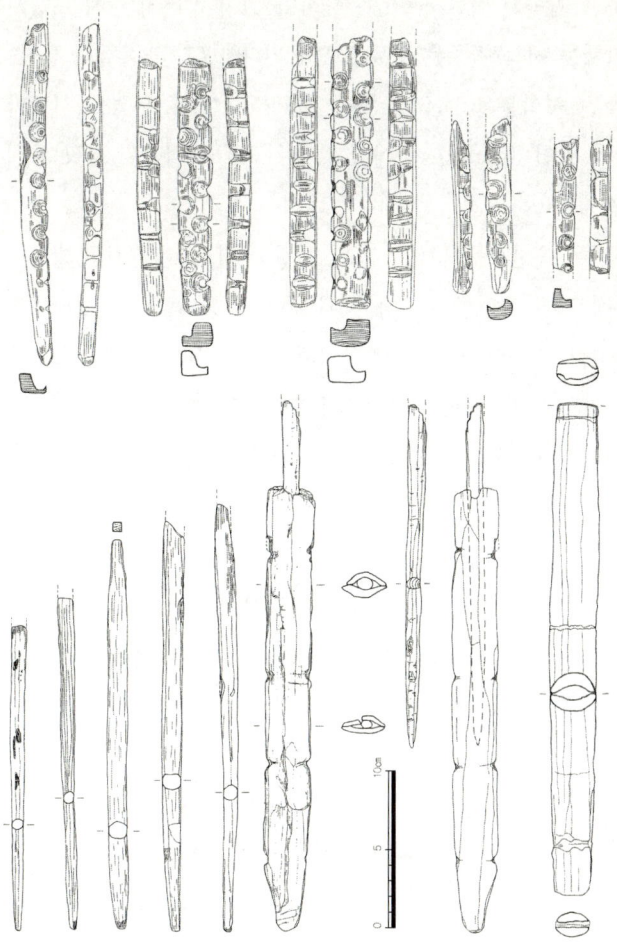

광주 신창동유적 출토 발화구
(국립광주박물관, 『광주신창동저습지유적Ⅰ』, 1997, 106쪽)

루지 못한 미숙된 벼로서 소위 '쭉정이'임이 밝혀져 당시 벼농사의 수준과 한계를 가늠해 주는 자료로 판단된다. 그리고 흑갈색 유기물층에서 검출된 벼화분을 DNA와 규산체[Plant Opal]분석을 시도한 결과 단립형의 쌀인 Japonica종이었고 밭유구에서 검출된 다량의 벼는 육도(陸稻)임이 밝혀졌다.

이 유적은 옹관묘를 중심으로 한 매장 유적, 토기요지와 밭유구 등의 생산유적 그리고 인근의 고대 논과 주거지 등의 생산·생활유적 등이 복합되었다. 영산강 중류지역의 비옥한 충적평야를 배경으로 성립한 초기 철기시대의 생활양식과 농경문화의 실체를 밝히는데 단서가 되는 전남지역의 대표적인 유적이라 할 수 있다.

(2) 밭유구의 조사현황

백제권 지역인 경기·충청·전라도 지역에서 출토 조사된 주요한 밭유구는 최근 몇 개의 자료가 발견되었지만, 이를 통해 당시 밭농사의 실체를 해명하는 데에는 아직 한계가 있다. 현재까지 조사된 백제시대의 밭유구의 현황을 살펴보면 〈표 2〉와 같다.

〈표 2〉에 의하면 백제권역에서 밭유구가 출토된 유적은 대략 10곳 정도인데 지역적으로 경기지역에 3곳, 충청지역에 5곳, 전라지역에 2곳이 분포하고 있다. 시기적으로는 청동기시대부터 백제시대까지 걸쳐 있는데 일부 청동기시대유적을 제외하고는 거의 백제시대의 유적이 분포하였다. 그 입지 조건을 보면, 임진강·한강·금강·영산강의 지류변에

표 2. 밭유구의 조사현황

번호	유적명	시기	규모	출토곡물	입지유형	비고
1	진안 여의곡	청동기시대	-7열 길이 4m, 고랑 너비 65cm -56열 길이 20m, 고랑 너비 35~40cm	식물규산체 : 조·피· 율무·기장	충적지	
2	논산 마전리	청동기시대			구릉사면의 말단개석곡저	논밭전환 이용?
3	광주 신창동	원삼국시대	길이 9.2m 이랑 폭 40~70cm 고랑 폭 10~25cm	볍씨·탄화미, 씨앗류	구릉사면	
4	서천 송내리	원삼국시대	(상층)고랑 너비 10~25cm, 깊이 13m (하층)고랑 너비 14~36cm, 깊이 18cm		구릉사면	
5	화성 석우리 먹실	4세기 후반~ 5세기 중반	밭유구 5개소 고랑 너비 11~27cm 고랑 깊이 5.5~6cm 이랑 너비 8~32cm	벼의 규산체, 벼겨, 수수류, 보리류, 기장류	구릉사면 말단평지	논밭전환 이용?
6	하남 미사리	(상층)6세기 (하층)4~ 5세기	(상층)160×60m 이랑 너비 40~50cm 고랑 너비 40~50cm 고랑 깊이 25~30cm (하층)110×50m 이랑 너비 70~80cm 고랑 너비 70~80cm 고랑 깊이 15cm이상	하층고랑 내에 원형 파종 흔적이 있음	충적지	
7	의정부 민락동	5세기 중엽 ~6세기	이랑 너비 70~80cm 고랑 너비 50cm	식물규산체 : 수수	곡저	
8	부여 서나성	백제~통일 신라시대			충적지	

번호	유적명	시기	규모	출토곡물	입지유형	비고
9	부여 구봉리	청동기시대 ~백제시대	(상층밭 A지구) 고랑 너비 50cm 내외 이랑 깊이 10~20cm (제3경작면) (제2경작면) (제1지구) 이랑 너비 53~68cm		충적지	논밭전환 이용?
10	국도4호선 부여~논산 간 도로 확·포장 공사구간 (부여 나성)	청동기시대 ~백제시대	고랑 너비 50~62cm 고랑 깊이 7~12cm (제2지구) 이랑 너비 43~65cm 고랑 너비 27~52cm 고랑 깊이 8cm (제3지구) 이랑 너비 48~60cm 이랑 깊이 14cm		구릉 사이의 곡간충적지	

형성된 배후습지상의 충적토나 또는 구릉 사면의 말단 개석 곡저평야지대에 위치하고 있다. 그리고 주변에는 논과 연결된 수로 관개시설과 함께 대규모 주거지가 형성되었다. 그래서 청동기시대에서 고대에 걸친 시기의 지역집단의 추이를 살피는데 중요한 자료가 되고 있다.

광주 신창동유적의 밭유구에서 벼의 품종으로 밭에서 재배되는 육도가 확인된 것처럼 밭에서 벼농사가 행해졌을 가능성이 높다. 6세기 신라의 경우 〈창령진흥왕순수비〉에 나오는 '백전(白田)'이란 말이 육도의 의미를 갖는 점[55]이 참고된다.

다음으로 선사시대부터 백제시대에 걸쳐 조사된 주요 밭유구에 대하여 개략적인 현황을 살펴보면 다음과 같다.

서천 송내리유적[56]은 해발 15~25m인 구릉 서향 사면에 위치하였다. 1999년 조사를 A지역과 B지역으로 나누어 실시한 결과 원삼국시대의 주거지 26기와 경작소 2개소, 성격을 알 수 없는 구덩이 유구 9기, 도랑 유구 1기, 그리고 민묘 4기가 확인되었다. 경작 유구가 확인된 곳은 A 지역이다.

경작유구는 A지역의 중간 부분에서 확인되었는데, 등고선과 같은 방향으로 서로 중복되어 나타나고 있다. 조사된 경작지의 규모는 길이 23.56m, 너비 3.2m의 범위에서 상·하 2개의 경작층이 확인되었다. 상·하층 경작지는 서로 고랑이 거의 비슷한 방향으로 파여 있었고, 상층 경작지는 하층 경작지 위에 7㎝ 두께로 퇴적된 흑갈색 점토질층에 조성되었다. 상층 경작지는 모두 14개의 고랑이 확인되었다. 고랑 너비는 10~25㎝ 정도였고, 깊이는 가장 깊은 곳이 13㎝였다. 고랑의 단면은 'U'자형이며, 고랑의 내부에는 갈색 부식토층이 퇴적되어 있었고, 고랑 바닥에서는 굵은 석립이 드러났다. 상층 경작지에서는 고랑 매부에서 적갈색 연질 타날문토기편 등이 소량 출토되었다.

하층 경작지에서는 모두 8개의 고랑이 확인되었는데, 상층 경작지의 고랑보다 너비가 약간 넓고 깊이도 비교적 깊은 편이다. 고랑의 너비는 14~36㎝이고, 깊이는 18㎝ 내외였다. 하층 경작지에서는 고랑 내부에서 회색과 적갈색 연질이나 회청색 경질의 타날문토기편과 손잡이편 등이 출토되는 것으로 보아 원삼국시대의 경작 유구로 추정된다. 곡물

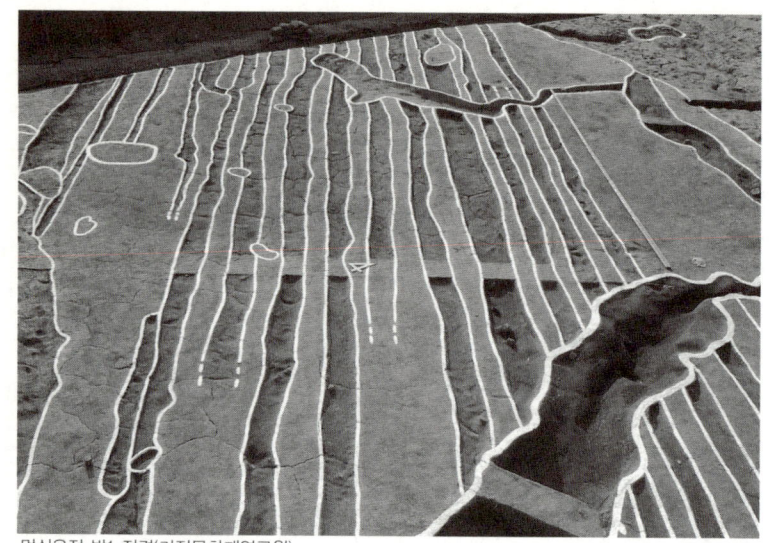

먹실유적 밭1 전경(기전문화재연구원)

자료는 출토되지 않았다.

화성 동탄면 석우리 먹실유적[57]은 원삼국시대~백제시대의 대규모 유물산포지인 해발 122.3m의 반석산(盤石山)에서 북서쪽으로 뻗어나온 해발 50m 내외의 구릉 및 곡간부 저지대로 이루어져 있다. 현재까지 백제시대의 밭유구 5개소를 비롯하여 수혈주거지 5기, 지상건물지 2기, 수혈 유구 84기, 구상(溝狀) 유구 22기, 옹관묘 1기 등 모두 113기의 유구가 확인되어 조사 중에 있다. 이 유적의 조성 시기는 고배·삼족토기·기대편·큰 항아리 등의 출토 유물로 보아 4세기 후반에서 5세기 중반에 걸친 유적으로 판단된다.

먹실유적에서 출토된 토기들(기전문화재연구원)

밭유구는 주로 저지대와 연결되는 구릉 말단부터 형성되었다. 고랑과
이랑의 폭이 좁고 간격이 조밀하여 방향을 달리해 중복된 양상을 보여
같은 시기에 경작된 밭으로 보기는 어렵다. 밭유구는 모두 5개군으로
구분할 수 있으나, 앞으로 밭의 수량과 면적은 증가할 것으로 보인다.
밭유구는 고랑 간 간격이 20㎝ 내외로 비교적 좁은 편이지만, 밭2의 경
우처럼 고랑 간 간격이 30㎝가 넘는 넓은 밭도 있다. 밭유구의 구조상
이랑의 폭이 좁다는 점에서 미사리 B지구 상층밭과 유사성을 보인다.
아울러 하층의 2~3개의 문화층 중 논유구로 추정되는 둑과 수로를 비
롯하여 화재로 폐기된 주거지 및 지상건물지가 확인되었다. 논산 마전

리와 부여 구봉리유적의 경우처럼 같은 지역 내에서 시기를 달리한 가운데 논과 밭을 서로 전용하면서 경작하는 형태의 토지이용 양상과 관련한 유적으로 추정된다. 이와 함께 농경과 관련된 석기류도 출토되었다. 화성 석우리 먹실유적의 밭유구 현황을 소개하면 〈표 3〉과 같다.

표 3. 밭유구 현황

구분	면적 (㎡)	고랑깊이 (cm)	고랑폭 (cm)	고랑간격 (cm)	진행방향	출토유물	기타
밭1	2,475	6	19	22	북서~남동	회청색경질토기	
밭2	199		14	20	북동~남서		고랑 일부 교란
밭3	400		11	8	북서~남동		고랑 일부 교란
밭4	418		18	20	북동~남서	삼족기편	고랑 일부 교란
밭5	787	5.5	27	32	북서~남동	회청색경질토기	

경작 여부와 곡물자료를 확인하기 위해 저지대의 하층에서 발견되는 토탄층에 대한 규산체[Plant Opal]분석을 시도한 결과 기준을 12배나 상회하는 벼의 규산체가 검출되어 벼농사의 가능성이 높아졌다. 그밖에 벼겨 · 보리류 · 기장류 등 곡물자료의 흔적도 찾아냈다.

하남 미사리유적[58]의 8개 문화층 중에서 백제시대의 경작유구가 확인된 층위는 10~20㎝ 두께로 이루어진 4층이다. 백제시대 유적은 3세기 중엽에서 6세기에 이르는 시기에 존속하였는데, 출토 유물과 층위 양상으로 보아 4기로 구분된다. 하나의 단위 취락은 4~5세기대의 유적으로 주거시설과 생산시설 및 저장시설로 구성되었다. 이 취락은 남북으로

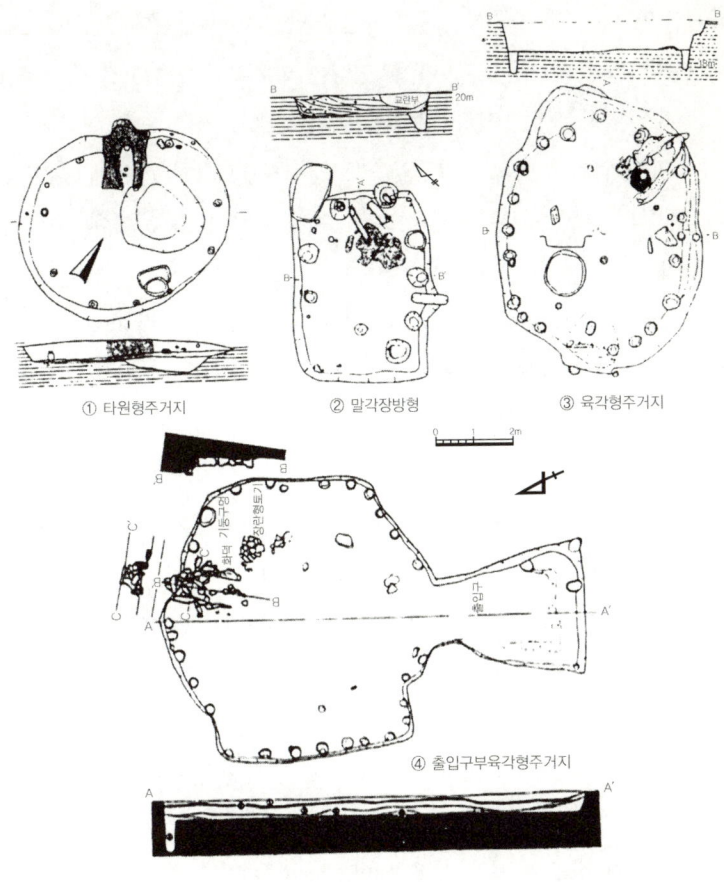

① 타원형주거지   ② 말각장방형   ③ 육각형주거지

④ 출입구부육각형주거지

하남 미사리유적 백제시대 주거지 각종
(최종택, 「미사리 백제취락의 구조와 성격」『호서고고학』6 · 7합집, 2002, 149쪽)

250m, 너비 50m 이상의 범위 내에 정연하게 자리하고 있다. 세대 단위의 주거지 10여 기로 구성된 주거시설은 반경 25m 범위에 원형으로 배치되었다. 생산시설은 1,700여 평 이상의 밭유구로 이루어진 생산시설과 주거시설 사이에는 저장시설이 들어가 있다.

유적의 층위는 북쪽의 A지구와 남쪽의 B지구로 나누었는데 조사 결과 B지구의 문화층에는 백제 하층(VI층)과 백제 상층(V층)에 걸쳐 있는 백제의 밭유구가 포함되었다. 이 밭유구는 남북으로 180여 m에 달하는 넓은 지역에 분포하고 있는데, 서로 다른 두 개의 밭이 상하로 층위를 달리하여 자리를 잡았다. 상층밭은 하층밭이 폐기된 후 그 위에 다시 수혈주거지를 한번 조성했다가 폐기한 다음에 다시 조성한 것이다. 상층밭의 고랑은 너비가 40~50cm, 깊이는 25~30cm이고, 이랑의 너비는 40~50cm에 이른다. 고랑과 이랑의 너비는 일정한 편이다. 이 밭은 하층밭과는 달리 고랑과 이랑의 폭이 좁고, 단면은 톱니바퀴 모양을 하고 있다. 이 밭의 범위는 동서로 60m, 남북으로 160m 가량으로 약 3,000여 평에 달하는 대규모의 밭이다. 이 밭의 사용 시기는 밭고랑에서 출토되는 유물로 보아 대략 6세기경으로 추정된다.

하층밭은 그 범위가 원래는 규모가 컸을 것으로 추정된다. 현재 남북 110m, 동서 50m에 이르는 이 하층밭의 너비는 약 1,700여 평 규모이다. 밭고랑과 이랑의 폭은 대체로 일정하고, 직선을 이루었다. 고랑의 너비 70~80cm, 현재 남은 고랑의 깊이는 10~15cm, 이랑의 너비는 70~80cm이다. 그리고 두 유구에서는 모두 곡물자료가 확인되지 않았으

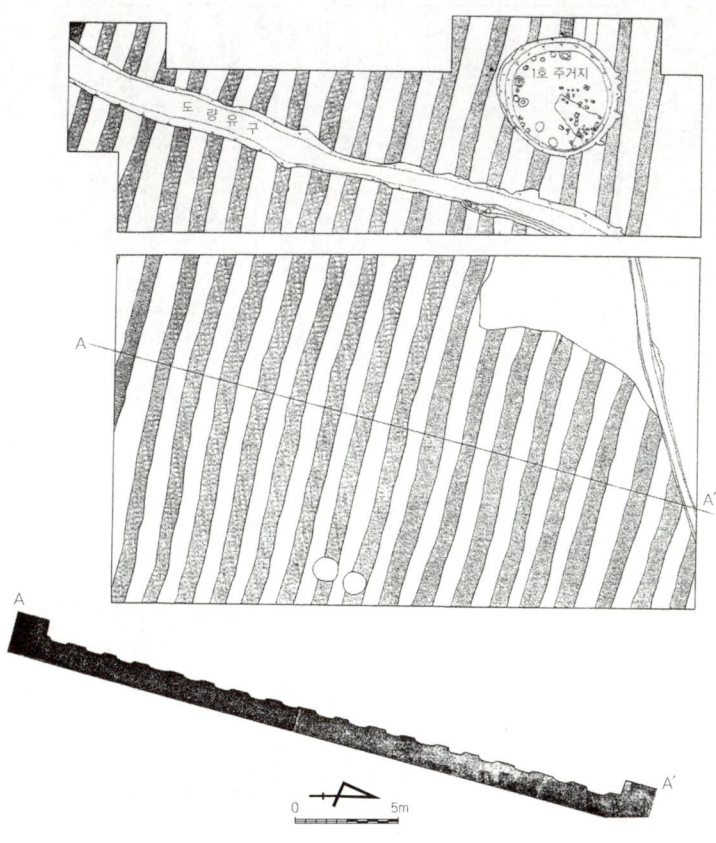

하남 미사리유적 B지구 하층밭 유구
(서울대학교 박물관, 『미사리』 4권, 1994, 215쪽)

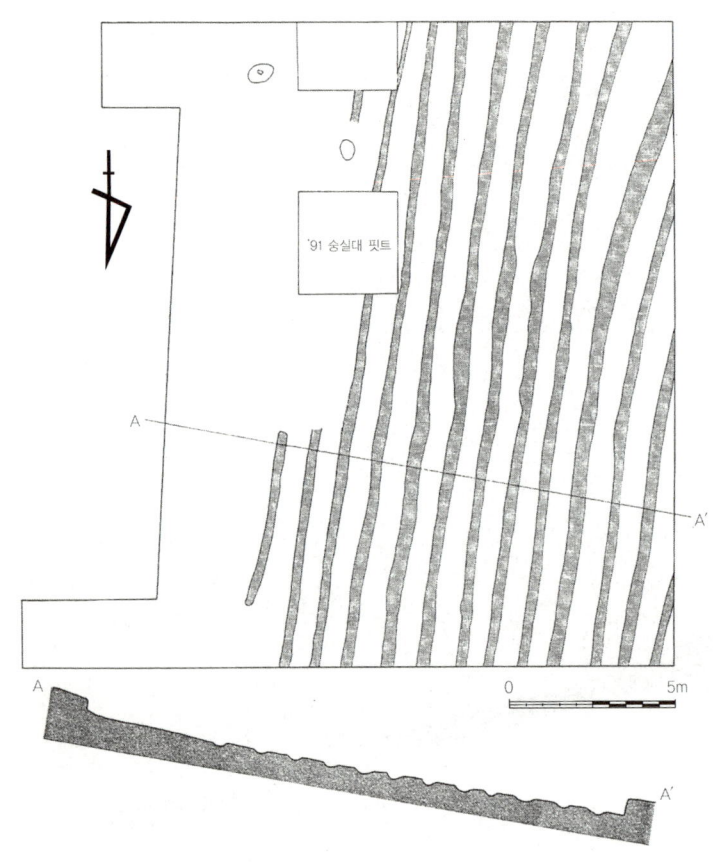

'91 숭실대 핏트

0   5m

하남 미사리유적 B지구 상층밭 유구
(서울대학교 박물관, 『미사리』 4권, 1994, 210쪽)

나, 고랑의 안쪽 바닥에는 약 30㎝ 간격으로 지름 20㎝ 가량의 구멍이 지그재그로 배치되었다. 형태나 배치상으로 보아 곡식을 심었던 파종공의 흔적으로 추정된다. 이 하층밭의 사용 시기는 북쪽의 같은 시기의 것으로 보이는 고상식 건물과 육각형의 수혈주거지에서 나온 유물로 보아 대략 4~5세기경으로 추정된다.

이 미사리 상하층의 밭유구에서는 밭의 구조는 물론 당시의 작무법, 파종법 및 기경법 등을 고려하여 우경이 실시되었던 것으로 보인다. 그래서 점차 휴경농법에서 상경농법으로 전환되는 중요한 농경자료로 평가되고 있다.

국도 4호선 부여~논산 간 도로 확 · 포장 공사구간(부여 나성)에서 조사된 동나성 주변 지역의 유적[59]은 능산리고분이 위치한 북쪽 구릉지와 오석산에서 필서봉으로 이어지는 남쪽 구릉 사이의 곡간충적지대에 자리하였다. 그 중심부에는 왕포천이 흘러 경작지 형성의 좋은 조건을 갖춘 지역이다. 조사 결과 해발 8~8.5m 사이에 분포하는 흑색사질점토층으로 형성된 Ⅲ지역의 생활면에서는 백제시대의 동서도로유구와 함께 밭 경작유구 등이 확인되었다.

3지역에서 확인된 경작유구는 이랑의 축선방향에 따라 크게 세 부분으로 구분이 된다. 조사범위 남단에 위치한 첫 번째 경작유구는 유구 형태가 비교적 잘 남은 상태이다. 이랑의 너비 53~68㎝, 고랑의 너비 50~62㎝, 그리고 고랑의 깊이는 7~12㎝이다. 두 번째 유구의 이랑은 잔존 상태가 희미한 상태로 발굴되었다. 이랑의 잔존 너비는 43~65㎝,

고랑 너비 27~52㎝ 그리고 고랑의 깊이는 8㎝ 정도로 약간의 요철 흔적만 남아 있을 뿐이다. 세 번째 경작유구는 남북 배수로의 서쪽에 자리하였다. 이랑 너비 48~60㎝, 이랑 깊이 14㎝로 다른 지역의 경작유구에 비해 온전하게 남아 있는 편이다.

그밖에 Ⅳ지역의 생활면에서 청동기시대의 수전면과 관련된 수로 2개 및 백제시대의 수로 6개가 확인되었다. 수전면은 지형상 등고선 방향을 따라 계단식으로 조성되어 있다.

(3) 선사시대의 밭농사

우리나라가 원시적인 형태로 농경생활을 하기 시작한 것은 대략 신석기시대이지만 농경을 빌려 생업경제의 중심을 이루기 시작한 시기는 청동기시대부터라 할 수 있다. 우리나라 국토의 70% 이상이 산지나 구릉이 차지한 지형적 특성은 밭농사에 유리한 조건이 되었다. 진주 대평리 옥방 6지구에서 발견한 청동기시대 밭유구는 지표 아래 2m 깊이에서 확인되었다.

이 유구 곳곳에서는 불에 탄 보리·수수·팥·녹두·조·피 등의 밭작물이 출토되었다. 그리고 약 4,000여 평에 이르는 어은 Ⅰ지구 밭유구에서 나온 곡물을 자료로 규산체[Plant Opal] 분석을 시도한 결과 이 밭에서 경작한 작물은 조로 드러났다.[60] 그리고 후대 사료이지만, 『세종실록지리지(世宗實錄地理志)』에 의하면, 논[水田]과 밭[旱田]의 추정 비율은 약 48만 결 대 122만 결이었다. 그러니까 28% 대 72%의 비율로 밭이 압도적으로 많았다. 구한말 토지조사사업 때에도 35.6% 대 64.4%의 비율로 역시 밭이 많았던 사실이 이를 뒷받침해 준다.

〈표 1〉의 곡물자료에서 보듯이 선사시대부터 고대까지의 농경유구에서 출토된 곡물은 쌀 못지않게 보리·조·수수·콩·기장·밀·피 등의 밭작물이 상당 출토되어 이를 반영해 준다. 그리고 『주서』 백제전에서 밝힌 것처럼 고대국가의 주요 수취 품목이 밭작물이다. 일반 백성들이 먹는 주식의 큰 부분도 밭작물이 차지하였다. 백제 초기의 광주 신창동유적 벼껍질층에서는 다량의 쭉정이 벼가 발견되었는데 이를 통해 당시 벼농사 재배기술의 한계를 짐작할 수 있다. 아울러 선사와 고대에는 벼농사가 밭농사에 비해 농경의 중심적 위치에 서있지 않았음을 보여준다. 선사와 고대의 벼농사는 기후·물·토양·비료 등 까다로운 영농조건을 필요로 하기 때문에 밭농사에 비해 일반화되지 못하고 제한적으로 수용되었을 것이다. 이러한 사실을 통해 고대 농경에서 밭농사의 비중이 논농사보다 높았음을 어렵지 않게 추정할 수 있다.

선사시대부터 백제시대에 이르는 시기에 백제권 지역에서 조사된 밭유구는 〈표 2〉에서 보는 것처럼 현재 10곳 정도로 밝혀졌다. 그러나 단편적인 자료에 불과하여 밭유구의 실체 파악과 경작방식 등에 대한 구체적인 실상을 파악하기는 어렵다. 청동기시대의 밭유구가 조사된 지역은 충남 논산 마전리유적을 비롯하여 전북 진안 여의곡유적, 충남 부여 구봉리유적과 동나성 주변지역이다. 이어 백제시대 초기의 것으로는 광주 신창동유적과 충남 서천 송내리유적이 있다. 그리고 4세기 이

후의 백제시대 밭유구
로는 경기 화성 석우리
먹실유적을 비롯하여
경기 하남 미사리유적,
경기 의정부 민락동유
적, 충남 부여 서나성
유적과 동나성 주변 지
역이 꼽힌다. 그밖에

화성 먹실밭유적에서 출토된 석기류

조·보리·수수·콩·기장·밀 등 여러 종류의 곡물자료가 출토된 지
역으로는 경기 여주 흔암리유적을 비롯하여 여러 유적이 확인되어 백
제권 지역에서 고대 밭농사의 일면을 드러냈다.

　그러면 먼저 백제권 지역에서 발굴조사된 밭유구의 입지조건과 형태
및 특징에 대하여 살펴보자.

　백제권 지역의 밭유구는 입지 조건으로 볼 때 한강·금강·영산강 등
과 그 지류변에 형성된 배후습지상이다. 그리고 구릉 사이에 발달한 충
적지와 구릉 경사면 말단에 개석(開析)된 곡저평야지대를 추가할 수 있
다. 이들 지역은 토양이 비옥하고 또한 간단한 관개시설을 통해 적기에
물 공급이 가능하기 때문에 밭농사뿐 아니라 논농사에도 좋은 조건을
갖추었다. 또 백제권 지역에 분포하는 밭유구의 형태는 대부분 곡식을
심는 부분인 이랑과 배수처 역할을 하는 이랑·고랑형(Ⅰ)을 이루었다.

　백제권 지역의 고대 밭유구는 논산 마전리유적, 화성 석우리 먹실유

적 그리고 부여 구봉리유적에서 보듯이 그리 분명하지는 않다. 그래서 토지 여건에 맞게 밭과 논의 지목을 바꾸어 이용하는 경우가 종종 특징적인 현상으로 나타난다. 부여 구봉리유적의 경우 수전면 내의 고랑과 이랑이 둑과 직교하여 너비 100㎝ 내외로 정연한 형태를 갖춘 점으로 미루어 논을 밭으로 전환하여 토지 이용율을 극대화한 것으로 추정된다. 그리고 밭유구의 형태면에서 볼 때 이랑의 너비가 80㎝~20㎝, 고랑의 너비가 80㎝~8㎝로 나타나 지역이나 시기에 관계 없이 큰 차이를 보여준다. 그래서 단순히 이랑과 고랑의 규모만으로 우경에 따른 상경화 단계로 규정짓는 데에는 무리가 있음을 알 수 있다.

백제권 지역의 고대 밭유구에서는 조 · 보리 · 수수 · 콩 · 기장 · 밀 등 다양한 곡물자료 이외에 쌀이 함께 출토되는 것이 특징적인 현상이다. 초기 농경 유적지로서 잘 알려진 남한강유역의 경기 여주 흔암리 12호와 14호 주거지[61]에서는 조 · 보리 · 수수와 함께 탄화미가 출토된 바 있다. 흔암리유적은 우리나라 동북지방의 공열토기문화와 서북지방의 팽이형토기문화가 융합되어 나타나는 한강유역의 특징적인 소위 흔암리식 무문토기문화가 나타난 지역이다.

그밖에 〈표 1〉에서 보듯이 백제권 지역인 충남 안면도 고남리유적, 충남 천안 백석동 94-B유적, 충북 충주 조동리유적, 전북 군산 노래섬유적, 전북 부안 소산리유적, 광주 신창동유적, 전남 승주 대곡리유적, 전남 여천 월내동유적, 전남 해남 군곡리유적에서는 보리 · 콩 · 팥 · 밀 · 기장 · 수수 · 녹두 등의 곡물들이 벼와 함께 출토되었다. 이러한 곡물들은 백제권 지역 초기 농경의 주요 밭작물이었음을 알려주고 있다. 특히 광주 신창동 I 기층에서는 최대 80㎝에 달하는 벼껍질층에서 벼와 탄화미는 물론 오이씨·참외씨·박씨 등 각종 씨앗이 나와 벼농사뿐 아니라 밭농사로 재배한 작물의 종류도 알 수 있어 기원 전후 무렵의 농경생활의 면모를 보여주는 것이다.

이처럼 여주 흔암리를 비롯한 백제권 지역의 초기 농경은 위와 같은 곡물자료나 유적지의 입지 환경으로 미루어 잡곡 위주의 밭농사가 지배적인 위치를 차지하였다. 이는 벼농사가 부수적이었음을 시사해 준다.[62] 여주 흔암리유적이나 광주 신창동유적에서 출토된 벼의 품종은 육도로 추정된다. 벼의 품종에는 일반적으로 논에서 생육되는 수도(水稻) 이외에 밭에서 자라는 육도(陸稻)가 있다. 광주 신창동유적 흑갈색 유기물층에서 검출된 벼화분을 DNA와 규산체[Plant Opal] 분석에서 재배한 벼는 단립형의 쌀인 Japonica종이었고, 밭유구에서 검출된 다량의 벼는 육도임이 밝혀져 당시 밭에서도 벼가 생육되었음을 보여준다. 그러나 벼의 품종을 육도로 보는 견해를 비판하면서 논과 밭에서 두루 파종할 수 있는 미분화된 상태의 품종으로 이해하거나, 또는 당시 벼가 밭농사 방식으로 재배된 사실을 부정하는 견해도 제기[63]되었다. 그래서 이 문제는 앞으로의 면밀한 검토가 필요하다.

그런데 초기 농경에서 곡물의 생산은 밭농사가 벼농사를 앞질러 상회한 것으로 나타난다. 예컨대 습지유적인 광주 신창동 I 기층[64]에서는 최대 80㎝에 달하는 벼껍질층이 확인된 사례가 참고된다. 이 저습지유적 벼껍질층에서는 최대 155㎜ 두께의 볏짚이 함께 집적되어 있는데 이 벼껍질은 열매를 맺지 못한 소위 쭉정이 벼임이 밝혀져 당시 벼농사 수준의 한계성을 그대로 노출시켰다.

백제시대에는 어떤 방식으로 밭농사를 경작하였는지에 대하여 단편적이나마 그 실상을 알아보기로 하자. 이에 대한 관련 자료의 한계로 인하여 선사와 고대의 농경 실태를 구체적으로 파악하기는 어렵다. 다만 대전 괴정동에서 발견된 농경문청동기와 하남 미사리의 밭유구를 통해 백제시대의 밭농사 면모를 그나마 읽을 수 있는 것이 다행한 일이다.

대전 괴정동의 농경문청동기는 방패형동기의 일종으로서 기원전 3~4세기경의 밭농사를 사실적으로 표현하고 있다.[65] 여기에는 밭을 경작하는 2명의 인물과 나뭇가지에 새가 앉은 형상이 묘사되었다. 이 유물에 묘사된 당시 농경생활의 양상을 보면, 따비와 괭이를 가지고 땅을 일구는 모습의 그림이 들어갔다. 이 유물은 농업 생산의 풍요를 비는 주술적 의미를 담은 의식용구로 보이기 때문에 청동기시대의 전반적인 농업활동을 묘사한 것이다.

이 청동기를 눈여겨 보면, 한 사람이 먼저 나무 따비로 이랑과 고랑을 만들어 기경을 한데 이어 또 다른 한 사람은 'ㄱ'자형 괭이로 기경 이후의 작업을 마무리하고 있다. 전자의 따비는 땅에 닿는 끝부분이 곧게 두 갈래로 갈라진 쌍날따비이다. 긴 손잡이자루 아래쪽 부분에는 발을 얹어 아래로 밟으면서 힘을 가할 수 있는 농기구인 것이다. 얼마전까지 제주도에서 재래로 사용하던 쌍날따비와 유사한 면이 보인다. 괭이는

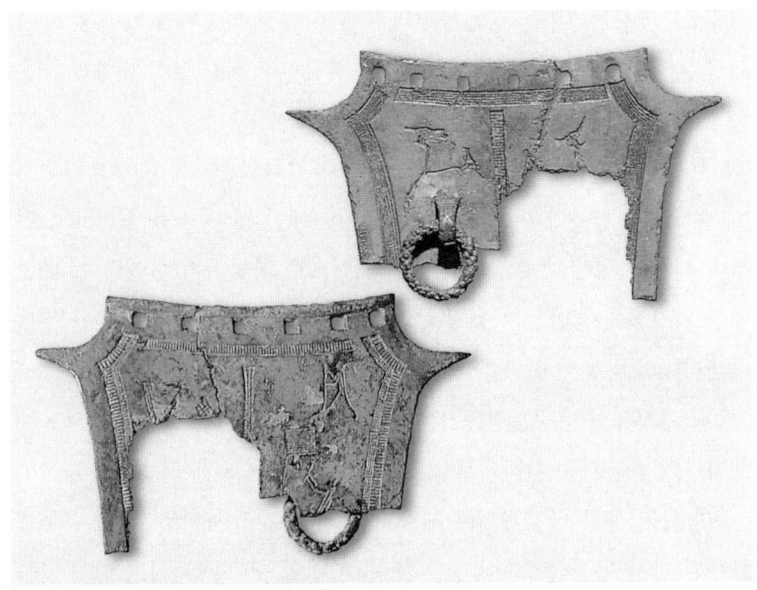

농경문청동기 앞면과 뒷면(국립중앙박물관)

경작자가 머리 높이까지 들어 올린 것으로 미루어 파종 후에 복토작업과 더불어 땅을 평평하게 고르는 작업을 하고 있는 것이 분명하다. 원래 괭이는 기경과 개간은 물론 중경 제초작업 및 흙덩이를 깨고 흙을 덮는 작업에 매우 유용하게 쓰는 도구이다. 두 사람이 1조를 이루어 농사를 짓는 이 그림에서 한 사람은 앞에서 파종할 고랑과 이랑을 만드는 기경 작업에 나섰고, 다른 한 사람은 파종한 이후 흙덩이를 부수어 땅을 평편하게 고르는 일종의 복토작업을 하고 있다.

그런데 파종은 이랑과 고랑 중 어느 부분에 하였을까가 문제가 된다.

개략적으로 묘사되어 밭의 고랑과 이랑의 크기라든가 따비와 괭이의 형태와 크기에 대해서는 알 수 없다. 다만 목제 따비의 경우 그 앞날 끝에 철날이 부착되지 않아 땅을 파기가 어려울 뿐 아니라 땅을 팔 때 토압을 견디기 위해서는 따비날의 폭이 그리 넓지는 못하였을 것이다. 같은 청동기시대의 밭유적인 진주 대평리 옥방 2지구와 4지구의 고랑 깊이가 모두 10㎝ 내외이다. 또 기원 전후의 광주 신창동유적의 밭유구는 이랑 40~70㎝, 고랑 10~25㎝로 조사되었다. 충남 서천 송내리유적의 하층밭유구 고랑도 14~36cm이었다. 고랑이 이랑보다 넓은 경우 목제 따비를 갖고서 고랑에서 나온 흙밥으로 이랑에 파종한 씨앗을 덮는 작업은 당시 감당하기 어려울 정도로 매우 힘든 일에 속한다고 볼 수 있다. 따라서 청동기시대의 밭농사 파종방식은 여건에 따라 다소 차이는 나겠지만 대체적으로 고랑에 파종하였을 것으로 짐작된다.[66] 그 경작방식은 농경문청동기처럼 한 사람이 기경하고 다른 한 사람이 흙을 덮는 방식을 취했을 것으로 보인다.

이처럼 청동기시대 이후의 밭농사는 진주 대평리와 광주 신창동유적에서 보듯이 밭의 규모는 작으면서 고랑과 이랑이 좁고 얕았다. 또 불규칙한 경작형태를 보이고 있는 것도 한 특징이라 할 수 있다. 청동기시대 이후의 연모나 생산도구는 도끼류·대패날·끌·자귀·반월형석도 등이었는데, 돌로 만든 석제품이 주로 사용되었다. 그밖에 목제와 골각기로 된 농기구도 여전히 사용되었기 때문에 농업 생산력은 매우 낮은 편이었다.

(4) 미사리의 밭농사

백제시대의 밭농사 관련 자료는 제대로 알려져 있지 않다. 다만 지금까지 조사된 대략 10군데의 백제시대 밭유구를 통해 그 단편상을 이해할 수 있을 뿐이다. 그 중 백제시대의 밭농사의 단면을 잘 보여주는 사례가 경기도 하남시 미사리유적에서 조사된 미사리 밭유구이다. 미사리유적은 1960년에 처음으로 신석기시대의 유적이 조사된 이래 1980년대와 1990년대를 거쳐 몇차례 조사가 이어지면서 우리나라 선사시대부터 백제시대에 이르는 대표적인 취락유적의 하나로 꼽히게 되었다. 특히 1992년도 조사[67]에서 대규모의 취락지와 함께 처음으로 백제시대의 밭유구가 발굴되어 밭모양과 경작방식을 이해하는 데 따른 중요한 유적으로 평가되고 있다.

이 유적 주변의 자연환경은 한강 기슭을 따라 해발 50m 내외의 나지막한 야산 또는 구릉이 이어진다. 이 지역은 여름철의 집중호우로 주변 화강암 산지의 풍화된 흙이 쌓여 이루어진 충적평야가 발달해 있다. 미사리유적의 층위는 흐르는 물에 의한 하성퇴적층으로 모래층과 사질점토층이 교대로 퇴적된 비교적 단순한 수평층위를 이루었다. 백제시대 밭유구가 확인된 지역은 두 개의 문화층 중에서 B지구의 문화층에 해당한다. 이 문화층은 거의 수평이지만, A지구에 비해서 2m 가량 높은 편으로 현 표토층으로부터 모두 21개의 자연 층위로 이루어졌다. 그 가운데 문화층은 신석기시대층과 백제 하층, 백제 상층의 세 층위가 확인되었다. 그 중 백제시대의 유구에는 수혈주거지와 저장구덩이, 고상식 건

미사리 하층밭 노출 전경(서울대학교 박물관)

물, 부정형으로 된 도랑유구, 그리고 생산시설인 밭 등이 포함되었다.

밭유구는 백제시대의 것으로 국내에서 처음으로 조사되었다. 밭은 남북으로 180여 m에 달하는 넓은 지역에 걸쳐 서로 다른 두 개의 층위로 되어 있다. 그 중 하층밭은 상층밭보다 20~30m 가량 아래층에서 드러났다. 원래 하층밭의 규모는 현재보다도 훨씬 큰 규모로 추정되는데, 현재 남은 유구의 범위는 남북 110m, 동서 50m 정도로서 약 1,700여 평에 달한다. 밭고랑과 이랑의 폭은 각각 70~80㎝ 정도로서 대체로 일정하고 직선을 이루었다. 고랑과 이랑을 합한 폭은 150㎝ 정도에 이른다. 이러한 규모는 기원전 6세기경의 유적인 경남 진주시 대평리 밭유

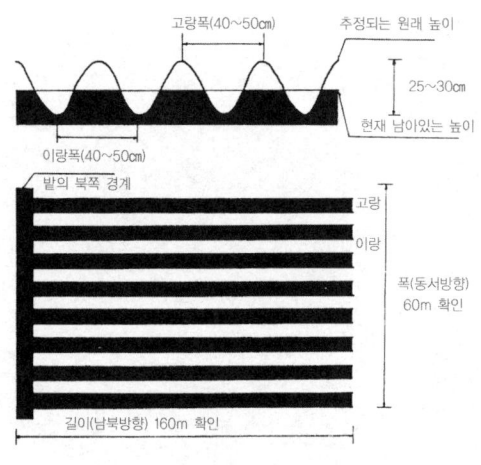

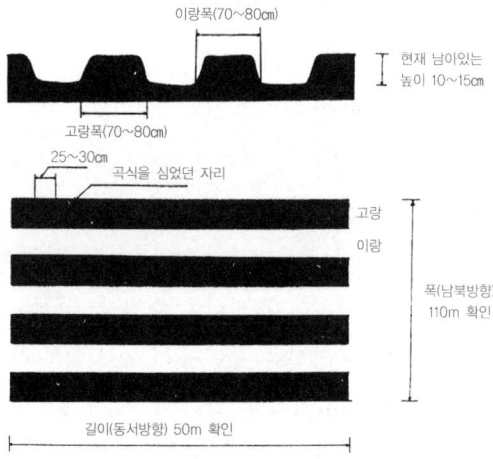

하남 미사리 상·하층밭 구조 모식도
(최종택, 「미사리 백제취락의 구조와 성격」 『호서고고학』 6·7합집, 2002, 153쪽)

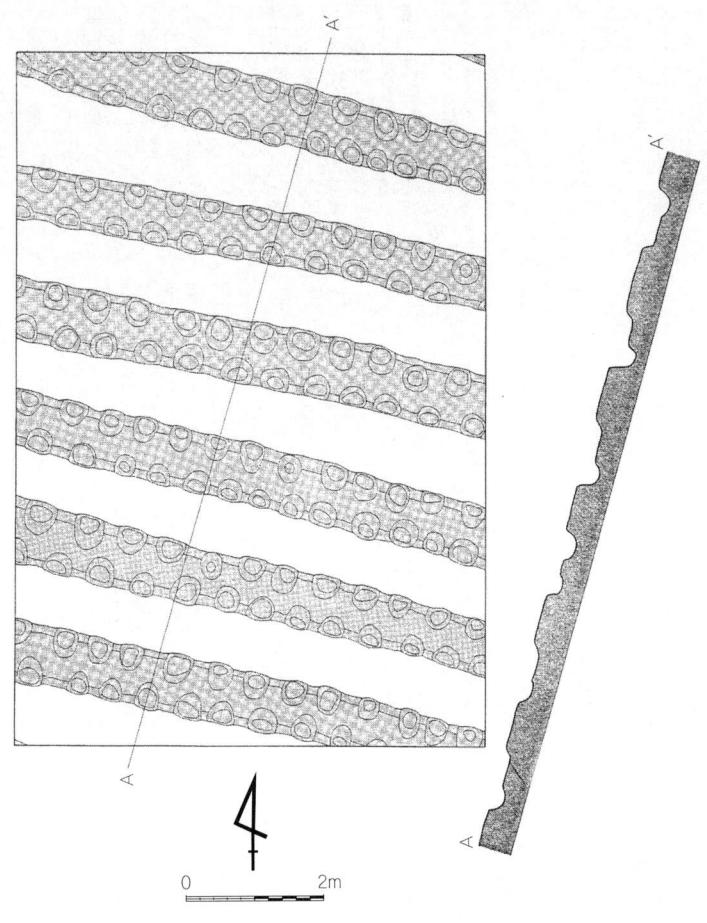

하남 미사리 B지구 하층밭 유구 세부도
(서울대학교 박물관, 『미사리』 4권, 1994, 216쪽)

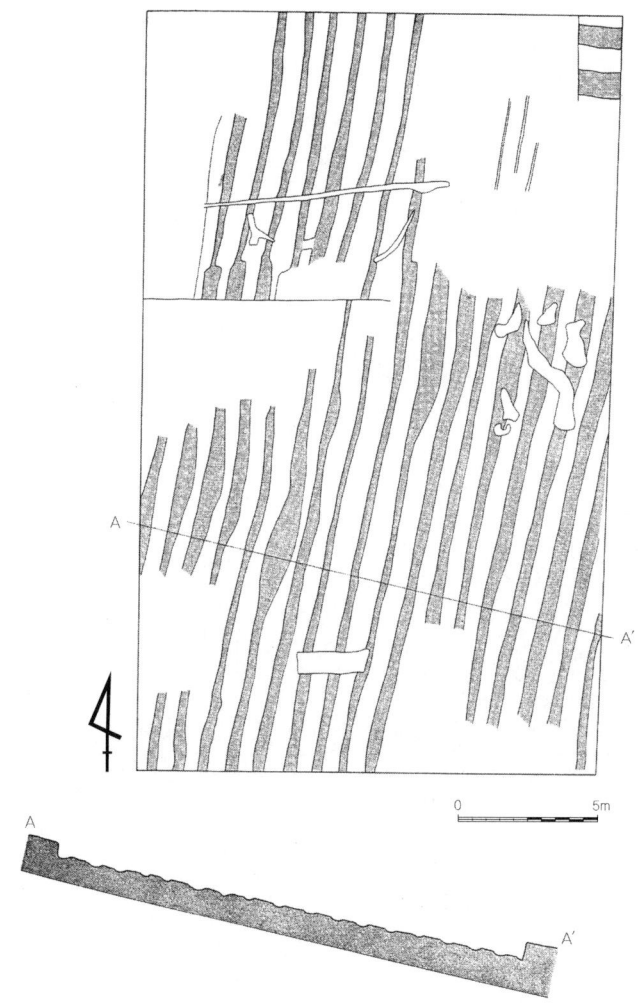

하남 미사리 B지구 상층밭 유구(서울대학교 박물관, 『미사리』4권, 1994, 211쪽)

구에서 보이는 고랑과 이랑의 폭과 같은 규모이다. 동서방향으로 뻗은 고랑의 깊이는 현재 15㎝ 정도이나 실제로는 이보다는 더 깊었을 것이다. 고랑의 바닥 안쪽에는 약 30㎝ 간격으로 지름 20㎝ 정도의 구멍이 지그재그로 배치되었다. 그 형태나 배치상으로 보아 어떤 곡물을 심었던 작물재배 구멍으로 추정된다. 이 밭의 북쪽에서는 같은 시기의 것으로 보이는 여러 기의 고상식 건물과 육각형의 수혈주거지가 나왔다. 이들 유구에서 나온 유물로 보아 대략 4~5세기경으로 편년된다.

반면 상층밭은 하층밭이 폐기된 후 그 위에 수혈주거지가 조성되었다가 다음에 다 조성한 것으로 밝혀졌다. 상층밭은 그 단면이 톱니바퀴 모양을 하고 있다. 현재까지 확인된 밭의 범위는 동서 60m, 남북 160m 정도로서 대략 3,000여 평에 달하는 대규모의 밭이다. 이 밭은 고랑과 이랑이 남북방향으로 뻗어었다. 고랑과 이랑의 폭은 각각 40~50㎝로서 하층밭과는 달리 좁기는 하지만, 대체적으로 일정한 편이다. 고랑과 이랑을 합한 폭은 약 100㎝ 정도이고, 고랑의 깊이는 대략 25~30㎝ 정도로 추정된다. 이 밭은 밭고랑 사이에 출토되는 유물로 보아 대략 6세기의 것으로 편년된다.

미사리 밭유구에 나타난 현상을 살펴보면, 밭유구 중간 중간에 별다른 경계나 구획이 없이 고랑과 이랑이 동서나 남북방향으로 평탄하고 곧게 뻗어있음을 알 수 있다. 백제시대의 미사리 밭유구뿐 아니라 진주 대평리 옥방 6지구 청동기시대의 밭유구에서도 이러한 현상이 보인다. 이러한 경우에 작업의 효율성이나 배수문제에서 어려운 경우가 발생할 수도 있다. 밭의 구획은 경작자의 토지경계를 의미하지만 동시에 밭작물 재배 공간의 경작권을 표하기 때문에 밭농사의 효율성을 위해 필요하다. 그리고 배수시설은 여름철 집중 호우 시 밭에 심은 종자나 작물의 유실 방지를 위해 절대 필요하다. 이러한 관점에서 밭의 일정지역에 갖추었던 배수시설이 확인되었다. 진주 옥방의 밭유구에서는 밭의 깊이가 가장 낮은 중앙부에 동서방향으로 일정 거리를 두고 1~1.5× 1.6~2m 크기의 수혈유구를 만들었던 흔적 5군데서 찾아냈다. 미사리 밭유구의 하층밭 중간서 발견되었던 두 개의 도랑유구(20×50~70㎝, 120×40~50㎝)도 배수 기능을 위해 설치한 것으로 보인다.

또한 미사리 밭유구의 고랑과 이랑은 형태면에서 청동기시대와 마찬가지로 파상형이거나 또는 톱니바퀴형이었고, 그 폭도 넓었다. 이는 선사와 고대의 밭농사의 경작방식이 별로 변하지 않았음을 보여준다. 다만 미사리 밭유구의 이랑 형태가 청동기시대에 비해 보다 직선에 가깝고, 그 단면이 일정 규격의 파상형을 이루엇다. 고랑의 깊이도 10~20㎝ 정도로 깊다는 특징을 드러냈다. 그리고 미사리 하층밭과 상층밭의 고랑과 이랑은 1:1의 같은 비율로 조사되었다. 그러나 하층밭에 비해 상층밭의 폭이 좁아지는 현상을 보였다. 즉 미사리 밭유구의 고랑과 이랑의 합계 폭이 하층밭의 경우 140~160㎝로 파상형의 고랑을 유지하였지만, 상층밭 단계에 이르러서는 80~100㎝로 줄어들면서 톱니바퀴 형태의 고랑으로 변모하고 있다. 미사리 하층밭의 이랑과 같은 규모의 유적은 5세기 중엽~6세기경에 이루어진 의정부 민락동 밭유구이다. 반면

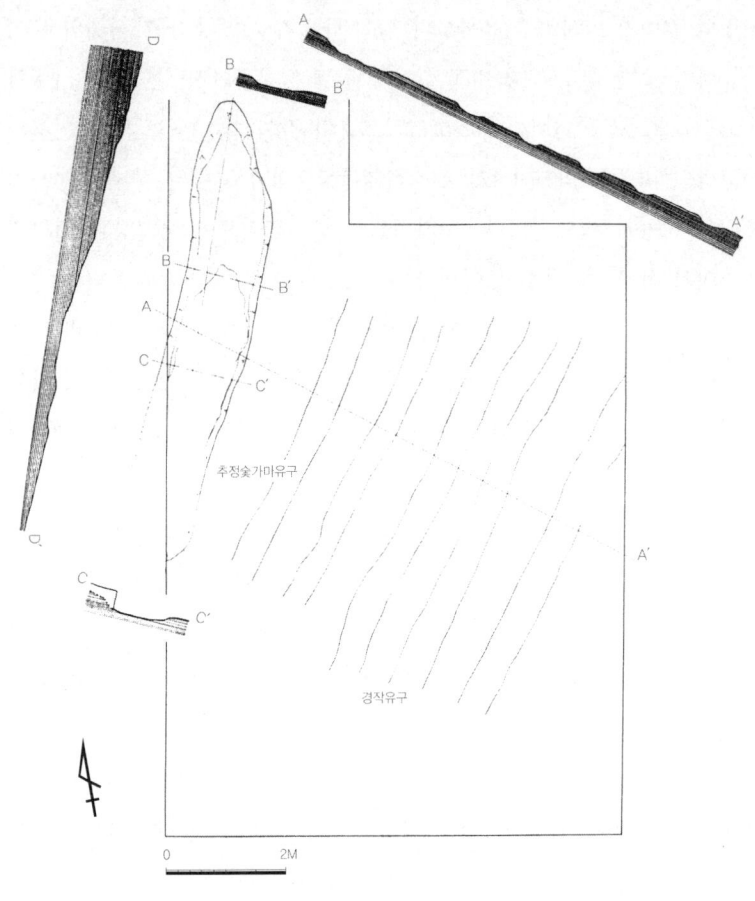

추정숯가마유구

경작유구

0   2M

의정부 민락동유적 경작유구
(서울대학교 박물관, 『의정부 민락동유적-시굴 및 발굴조사 보고서』, 1996, 77쪽)

같은 시기의 화성 석우리 먹실 밭유구의 경우 이랑과 고랑의 폭 및 고랑의 깊이가 미사리 밭유구보다 훨씬 규모가 작았다. 백제시대의 부여 동나성 주변 밭유구 중 비교적 유구가 잘 남은 제1지구는 이랑 너비가 53~68㎝, 고랑 너비가 50~62㎝, 고랑의 깊이 7~12㎝로 되어 이랑과 고랑의 비율이 역시 1:1을 유지하였다. 그러나 고랑의 깊이는 미사리 밭유구보다 낮은 편이다. 시기적으로나 지역적으로 밭고랑과 이랑의 차이가 적지 않았음을 보여준다.

그리고 하층밭 고랑 양쪽에는 30㎝ 간격으로 지름 20㎝ 가량의 소형 홈이 지그재그로 배치되어 있는 점도 주목을 끌었다. 청동기시대 밭유구인 진주 옥방 4지구나 6지구에서도 고랑 양쪽에 지그재그로 규칙적인 소형 홈이 발견되어 이는 씨앗을 뿌렸던 파종구로 짐작된다. 이렇듯 하층밭에서는 이랑과 고랑에 서로 다른 작물을 교대로 재배했을 가능성이 높다. 이러한 파종처의 정기적인 교대 방식에 주목하여 하층밭의 경작을 중국 전한시대의 농법인 대전법(代田法)과 관련시켜 농경의 상경화가 진행되는 단계로 보는 견해가 있다.[68] 즉 대전법이란 소가 끄는 쟁기를 이용하여 6척 폭의 1무(畝) 내에 3개의 고랑을 1척씩 거리를 두어 간 다음 그 고랑에 씨를 줄지어 뿌리고, 고랑 사이인 이랑 위에 올라온 흙을 작물의 성장기에 북돋아주는 농법이다. 이어 다음해에는 이랑 부분을 갈아 골을 만들어 씨를 뿌림으로써 전에 씨를 뿌리지 않은 흙을 경작하는 방법이기 때문에 일정한 시기마다 땅을 묵히는 휴한의 효과를 거둘 수 있다.

여기서 미사리 밭유구의 고랑의 깊이가 10~20cm 정도로 청동기시대 보다 깊어진 점은 중국 전한시대의 농법인 대전법(代田法)의 고랑 깊이 인 1척(23.1cm)이었다는 사실과 비교된다. 이와 같이 대전법은 이랑과 고랑에 교대로 파종하는 방식이기 때문에 효과적인 토지 이용도를 효 과적으로 높일 수 있을 뿐 아니라 축력을 이용한 우경을 전제로 하는 농법이기도 하다. 그래서 점차 휴한을 극복하고 밭농사를 매년 행하는 상경화를 모색하려는 노력의 일환으로 풀이할 수도 있다.

반면 상층밭은 이랑과 고랑이 보다 분명해지면서 이랑이 고랑에 비해 상대적으로 넓어진다. 또한 하층밭과는 달리 부분적으로 경작을 하는 것이 아니라 밭 전체에 대한 갈이를 한 다음 비교적 높은 이랑을 만들 어 깊은 고랑이 생겼다. 상층밭에서는 분명치는 않으나, 고랑에 파종된 하층밭과는 달리 높은 이랑에 씨를 뿌린 것으로 보인다. 그리고 톱니바 퀴형의 깊은 고랑은 파종구로서가 아니라 배수구로서의 기능을 보다 강화하여 홍수로 인한 피해에 대비하려는 측면이 고려된 것 같다.

미사리 밭유구에서 나타난 고랑의 깊이 10~20cm 정도를 조성하기 위 해서는 기경 농구는 최소한 나무 농기구의 날 끝을 철판으로 보강한 'U'자형 쇠삽날이나 철제 보습을 사용하였을 것이다. 백제지역에서 'U'자형 쇠삽날과 철제 보습이 출토된 곳은 경기도 가평군 이곡리유 적, 충주 하천리유적, 서울 몽촌토성과 석촌동유적, 그리고 구의동유적 등이다. 그 중 가평 이곡리에서는 길이 29cm의 보습이 출토되었고, 서 울 구의동의 고구려유적에서는 길이 44.4cm, 폭 34.4cm의 보습과 길이

쇠농공구(길이 21.0㎝, 국립청주박물관)

25.5㎝의 쟁기보습이 출토되어 한강유역과 같은 선진 농경지역에서는
우경이 점차 실시되고 있었음을 보여주고 있다. 특히 구의동유적에서
나온 길이 25.5㎝의 쟁기보습은 쟁기의 날부분에 부착하는 철제 부속품
을 부착하였다. 이로 미루어 기능상 중국식의 볏이 달린 쟁기[有床犁 ;
쟁기의 자루와 'L'자형을 이루도록 별도의 목재인 상(床, Slade)을 짜
맞추어 그 끝에 쇠보습을 끼워 보습과 상이 지표면에 거의 수평이 되게
만드는 쟁기를 말한다]이었을 가능성이 있다. 볏이 달린 쟁기는 고구려
에서 많이 사용되었다. 구의동유적에서 출토된 나머지 보습들은 등대
가 없고 주추미를 고정시키는 'V'자형의 홈을 만들었다. 그래서 구의

동유적 출토품은 만들어져 있는 것으로 미루어 보아 볏이 없는 쟁기[無床犁 ; 따비의 나무날 부분에 쇠보습을 끼우고 따비의 자루에 동물과 연결하는 길다란 나무막대기인 성에를 장착한 것으로 극젱이와 유사한 모양을 한 쟁기를 말한다]의 날로 보인다.

어쨌든 미사리 밭유구는 모양이 반듯하고 고랑의 깊이가 일정하게 나타나 농사에는 유상리든 무상리든 우경이 실시되었거나, 아니면 사람이 끄는 쟁기를 써서 농사를 지었을 것으로 추정된다. 이처럼 상하층밭의 고랑과 이랑의 깊이와 폭이 달라지고, 또한 곡물 재배처가 달라지는 점에 주목하여 우경에 의한 상경화 단계로 진입한 것으로 보는 견해가 있다. 그러나 미사리 하층밭의 고랑과 이랑의 폭은 청동기시대 유적인 진주 대평리 옥방지구 유적이나 조선시대의 것과 같은 규모이다. 상층밭의 고랑과 이랑의 넓이와 비율도 1세기경의 광주 신창동유적과 유사한 점을 감안하면, 미사리 밭농사 단계에는 부분적으로 우경이 실시되었을 가능성을 높다. 그러나 전반적으로 생산량은 물론 노동 효율성도 그다지 높지 않았을 것으로 보인다. 그리고 고랑과 이랑의 폭이 넓은 조건에서 매년 교대로 농사를 짓는 것은 많은 노동력이 소요되었다. 또한 토양유실이 대단한 강변의 밭에 농사를 짓기 위해서는 많은 시비가 필요했기 때문에 안정적인 농업 생산은 지속적으로 이루어지기는 어려웠을 것이다.

다음으로 미사리 하층밭에 보이는 파종구에 대하여 살펴보자. 파종구는 고랑에 위치했지만, 그 단면은 이랑의 양쪽 측면에 걸쳐 있다. 이 부분은 고랑 바닥이 아니기 때문에 봄에 뿌린 씨앗이 습기로 인하여 썩는 것을 막을 수 있고, 또한 흙밥이 많아 파종한 씨앗을 흙으로 덮기가 용이한 편이다. 그리고 여름철의 집중 강우시에 작물이 유실되는 것을 방지하고, 배수 기능을 갖춘 측면도 고려하였을 것이다. 이때 홈을 파는데 사용한 도구는 구멍의 흔적으로 보아 송곳형 따비에 가까운 뾰족한 막대기로 땅에 구멍을 뚫어 씨앗을 점종하는 방식을 취했을 것이다. 진주 대평리 옥방 3지구 청동기시대의 8호·10호·11호 밭유구에서는 소형 홈이나 원형 홈을 점열식으로 파서 여기에 곡물을 심었던 점이 참고된다.

여기 파종한 곡물은 재배 작물의 흔적이 전혀 발견되지 않아 그 실체를 파악할 수는 없다. 다만 지금까지 백제지역에서 출토된 곡물은 〈표 1〉 곡물자료 출토 현황에서 본 것처럼 백제지역에서 출토된 곡물 중에서 쌀이 제일 많다. 그밖에 조·보리·수수·콩·기장·밀 등과 같은 밭작물인 것으로 나타난다. 그리고 『삼국사기』 백제본기의 작물에 관한 기사 중에서 보리농사와 관련한 기사가 가장 자주 나타나고,[69] 그밖에 콩에 관한 기사도 보인다. 미사리 하층밭의 경우 고랑에 재배된 작물은 작물의 습성과 홈의 기능을 고려하면, 보리나 콩과 같은 작물로 보인다.[70] 지역에 따라 작물을 심는 방식은 다소 차이가 보이지만, 고랑에 재배되었던 작물은 대체로 보리를 비롯하여 기장·피·조·콩 등이었다. 조선시대에는 고랑에 보리 등을 심는 농사 관행이 보편적이었고, 건조한 기후를 가진 요동지역에서도 고랑에다 기장·피·조·콩과 같은 밭작물을 심는 관행이 계속되었다고 한다.[71] 보리의 경우 추운 겨울날에는 고랑의 지온을 높여 보리 종자가 얼지 않도록 두껍게 파묻을 필요가 있다.

또한 봄 가뭄 때 건조한 기후를 이겨내고 수분을 잘 유지하기 위해 고랑 양쪽 경사면에 보리를 심기도 하였던 것이다.[72] 미사리의 토질이 비옥한 충적사질토인 점으로 미루어 토양 부식이 하였고, 공기 · 수분 및 양분의 모든 면에서 식생에 도움을 주어 생육이 잘되는 편이다. 이때 이랑 위에는 다른 작물을 심었던 것으로 보이나 이를 입증하는 자료는 발견되지 않았다.

부소산성 출토 낫(56.5cm, 국립부여박물관)

그런데 미사리 밭유구는 대체로 고랑과 이랑의 폭이 일정하고 이랑이 곧은 데다 고랑이 깊이 파여 있다. 하층밭과 상층밭의 규모는 1,700여 평과 3,000여 평 정도로 밭의 중간에 별다른 구획 흔적이 없이 남북 방향과 동서 방향으로 길게 뻗은 대규모의 밭이다. 이와 관련하여 중국 한대에 실시한 대전법이 적용되었던 것으로 보고, 해마다 고랑과 이랑을 교대하여 농사짓는 상경전의 단계로 이해하는 견해가 있다.[73] 그러나 보리농사는 다수확이 기본 요소가 되기 때문에 깊이갈이와 유기질

비료 사용이 요망된다.

 미사리 밭유구는 충적사질토였기 때문에 깊이 파거나 또는 흙을 고르게 부수는 쇄토 기능이 용이하였다. 그러나 강변에 위치하여 잦은 홍수 때 일어나는 토양 유실과 이에 따른 시비가 요구되었다. 그래서 노동생산성이 낮았다. 더구나 고랑과 이랑의 폭이 넓어 매년 교대하여 같은 방식으로 경작하는 일은 현실적으로 어려웠을 것이다. 하층밭과 관련한 주거복합지역에는 1가구를 5~6인으로 파악했을 경우 대략 50~60명 정도의 주민이 하나의 주거복합지역에 거주하였을 것으로 추정된다.[74] 이들 구성원들이 최소 1,700여 평이 훨씬 넘는 대규모 농경지를 경작하였을 것으로 보인다. 그러나 농업 노동력의 가용 인원을 감안하면, 규모가 너무 넓어 경작하기가 벅찼을 것으로 판단된다. 따라서 미사리 밭은 해당 가족 노동력뿐 아니라 주거복합세대와의 공동 협업이나 외부로부터의 지원을 받은 경작을 생각할 수 있다. 더구나 농경의 효율성을 위해서는 우경이 전면적으로 도입되어야 한다. 5세기 후반~6세기 전반으로 편년되는 서울 구의동유적에서 발견된 철제 보습 4점이 이를 뒷받침해 준다.

 이와 관련하여 하층밭 인근의 주거복합시설이 주목된다. 상층밭은 하층밭이 폐기된 후 그 위에 다시 수혈주거지가 한 번 조성되었다가 폐기된 다음에 조성된 것으로 밝혀졌다. 그리고 하층밭과 관련한 것으로 보이는 저장시설과 주거시설이 하층밭을 중심으로 남북에 배치되어 있다. 그 중 주거시설은 숭실대학교 B-나 지역과 서울대학교 B-2호 주거지 및 숭실대학교 B-가 지역 그리고 고려대학교 B지구의 세 지점으로 나뉘어 원형으로 분포하고 있다. 그 중 서울대학교 B-2호 주거지 및 숭실대학교 B-가 지역은 출입구가 달린 육각형주거지 1기와 말각형 방형주거지 및 육각형주거지 4기가 반경 25m 범위 안에 배치된 것으로 추정된다. 이 원형주거지 내부에는 수혈식 저장시설과 고상식 건물이 배치되었고, 그 사이에 크고 작은 여러 기의 도랑유구가 나와 배수시설의 기능을 가진 것으로 보인다. 서울대학교에서 조사한 B-2호 육각형 주거지에는 정제된 형태의 화덕이 설치되었다. 이 주거지는 출입구를 포함한 전체 길이가 10m에 달할 정도로 대규모에 속한다. 여기서는 장란형과 심발형토기류 등 16점과 철칼·철낫·철제도끼·숫돌이 각각 출토되었다. 특히 고려대학교에서 조사한 KC-040호 육각형주거지 안에서는 벼루가 출토되어 문자기록이 가능한 지식인들이 거주하던 특수한 용도의 주거지로 추정할 수 있다.

그 중 출입구가 달린 육각형주거지는 규모가 크고, 내부에서 벼루를 비롯한 철제 농토목용구가 나온 점으로 미루어 사회경제적으로 상당한 지위를 가진 신분층이 거주한 것으로 판단된다. 그들은 농서를 읽어 새로운 농법을 적용하는 가운데 철제 농토목용구와 우경의 실용화를 통해 부를 축적하여 사회경제 기반을 늘려나갔을 것으로 짐작된다. 이들 백제 취락지 내의 호민층들은 『삼국사기』 백제본기 도미전에 나오는 도미(都彌)와 같은 자영농민층으로 간주된다. 도미는 소민으로 편성된 자영농민이었지만, 약간의 노비를 거느리면서 의리를 지킬 줄 아는 인물이었다. 그리고 그의 부인은 절행을 지켜 개로왕의 온갖 유혹을 뿌리치고 정절을 지킨 사례에서 보는 것처럼 이들 호민층들은 농업 경제력이외에 지식과 의리를 지닌 부류로서 농업 생산력 증대에 선도적 역할을 하였을 것이다.

이들 자영농민층들은 중앙의 지배층과도 일정한 관계 속에 대규모 농경지를 경작한 것으로 보인다. 미사리지역은 지리적으로 백제 왕도인 풍납토성과 몽촌토성에 이웃하고 있다. 그리고 이들은 왕성으로 추정되는 풍납토성과 몽촌토성에서 일반적으로 발견되는 육각형주거지에 살면서 벼루 따위의 문구를 사용한 지식인 그룹의 인물이었던 것으로 보인다. 따라서 지식과 의리 및 절행의 덕목을 갖추었을 것이다.

이 같은 신분상의 특성은 거주지 내의 인구수에 비해 경작지가 규모가 넓은 토지를 경작했다는 점에서도 드러난다. 그래서 미사리 밭유구의 경작자는 도성에 식량을 공급하던 사회경제적으로 대규모의 생산기반을 가지고 중앙의 지배층과 일정한 관계 속에서 생산력 증대에 힘을 썼던 신분층으로 판단된다. 그런데 백제는 아직 시비법이 도입되지 못하여 연작이 어렵고, 토지 생산성은 전반적으로 낮았던 것으로 보인다. 상경전이 아닌 경우 지력 회복을 위해 일정한 기간 동안 땅을 묶히는 휴경농법과 1~2년을 휴한하는 농법이 불가피하였다. 또한 생산성이 낮았던 요인 가운데에는 잇따른 기근·홍수와 같은 자연재해 및 역질, 계속되는 전쟁 등을 들 수 있다. 이러한 요인들은 농업 노동력을 감소시키기 마련이어서 결국 수리 관개시설에 대한 정비 및 농업 재생산 기반을 약화시키는 역기능을 초래하였다.

그러한 가운데 휴한을 극복하고, 상경화의 단계로 진전시키려는 노력이 나타났다. 경기 하남 미사리유적 발굴에서 조사된 4~6세기 무렵 백제의 밭유적에서는 이러한 노력의 흔적을 찾아볼 수 있다. 두 문화층으로 이루어진 이 유적의 하층은 4~5세기, 상층은 5~6세기 무렵의 것으로 보고되었다. 하층밭이 폐기된 후 그 위에 다시 수혈주거지가 한 번 조성되었다가 폐기되고 나서 다시 상층의 밭을 만든 것이라고 한다. 밭이 한 동안 폐전이 된 사정은 알 수 없다. 다만 4~6세기 무렵 백제의 밭농사가 휴경 또는 휴한법에 따라 제약을 받는 데도 불구하고 중국 한 전법을 수용하여 고랑의 파종법이나 우경 등의 노력을 빌려[75] 점차 상경화의 단계로 나아갔던 것으로 보인다.

3) 수전 개발의 장려

(1) 논유구의 조사현황

백제권 지역인 경기·충청·전라도 지역에서는 주요한 고대의 논유구자료 몇 개가 최근 발견되었지만, 당시 논농사의 실체를 해명하는 데에는 아직 한계가 있다. 현재까지 조사된 백제시대의 논유구의 현황을 살펴보면 〈표 4〉와 같다.

〈표 4〉에서 보듯이 백제권 지역의 논유구로 현재 조사된 것은 8개소 정도에 불과한 것으로 나타난다. 이들 논유구들은 시기별로 청동기시

표 4. 논유구 조사현황

번호	유적명	시 기	규모	출토곡물	입지유형	비고
1	논산 마전리	청동기시대	소구획, 부정형 장방형계 계단식		구릉사면의 말단개석곡저	논밭전환 이용?
2	보령 관창리	청동기시대	세부형태 불명		구릉사면의 말단개석곡저	
3	천안 장산리	원삼국시대	세부형태 불명		구릉사면의 말단개석곡저	
4	부여 구봉리	청동기시대, 6~7세기	소구획, 부정형		곡저평야, 하천의 범람원	논밭전환 이용?
5	부여 궁남지	6~7세기	소구획, 부정형		배후습지 가장자리	
6	부여 가탑리	6~7세기	소구획, 부정형		곡저평야, 하천의 범람원	
7	부여 서나성	백제~ 통일신라시대	소구획, 부정형		Point Bar와 배후습지의 경계부	
8	국도 4호선 부여~논산간 도로 확·포장 공사구간(부여 나성)	청동기시대 ~백제시대	계단식으로 조성		구릉 사이의 곡간충적지	

대부터 통일신라시대까지 걸쳐 있다. 논산 마전리유적처럼 논과 밭유구가 함께 공존하거나, 부여 구봉리유적처럼 여러 시기의 것이 중복되어 존재하는 경우가 많은 편이다. 이는 구릉 사면부나 하천 연변의 배

후습지 등의 관개시설을 통해 안정적으로 논을 조성할 수 있는 여건이 마련되었기 때문이다.

선사시대부터 백제시대에 걸쳐 논유구가 조사된 주요 유적지에 대한 개략적인 현황을 살펴보면 다음과 같다.

논산 마전리유적[76]은 논산시 동남쪽에 있는 해발 500m의 천호산(天壺山)에서 뻗어내린 여러 구릉 가운데 가장 발달된 구릉에 위치하고 있다. 조사 대상지역인 C지구는 남동쪽으로 펼쳐진 구릉 사면과 그 아래에 위치한 저지대로 이루어졌다. 그래서 구릉과 경계 지점의 용수(湧水) 부분에서 나오는 물 때문에 가뭄에도 커다란 피해 없이 농사를 지을 수 있다. 또한 지형과 고저차를 이용하여 관개 시설을 설치하면 자연스러운 급배수가 가능했던 것으로 보인다. 그래서 논을 만들어 사용하는데 투입되는 노동력이 절감되는 동시에 논을 관리·보존하기에도 용이하여 초기 농경 단계부터 아주 적합한 논농사의 조건을 갖춘 지역으로 선호되었다고 볼 수 있다.

조사지역의 북쪽 구릉부분에는 석관묘, 석개토광묘(石蓋土壙墓), 옹관묘 등의 청동기시대의 분묘 40기가 분포하고, 그 인근지역에서는 송국리형 주거지 1기가 확인되었다. 논유구는 남동쪽으로 펼쳐진 구릉 사면의 아래쪽에 위치한 저지대에 있다. 여기서 우물 2기와 함께 논유구와 관련 있는 각종 수리 시설이 확인되었다.

마전리유적의 논은 기본적으로 소구획 수전형에 속하지만, 경사도가 약해지는 아래쪽으로 내려가면서 논의 면적이 넓어지는 장방형계 계단

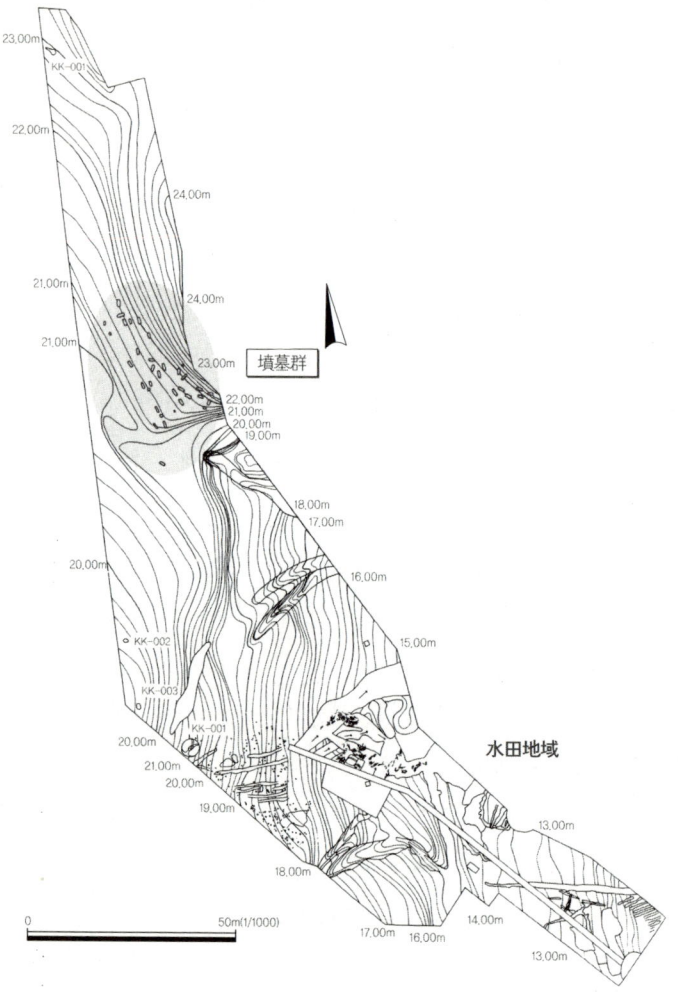

논산마전리유적 C지구 유구 배치도(고려대학교 매장문화재연구소, 『마전리유적』, 2004, 5쪽)

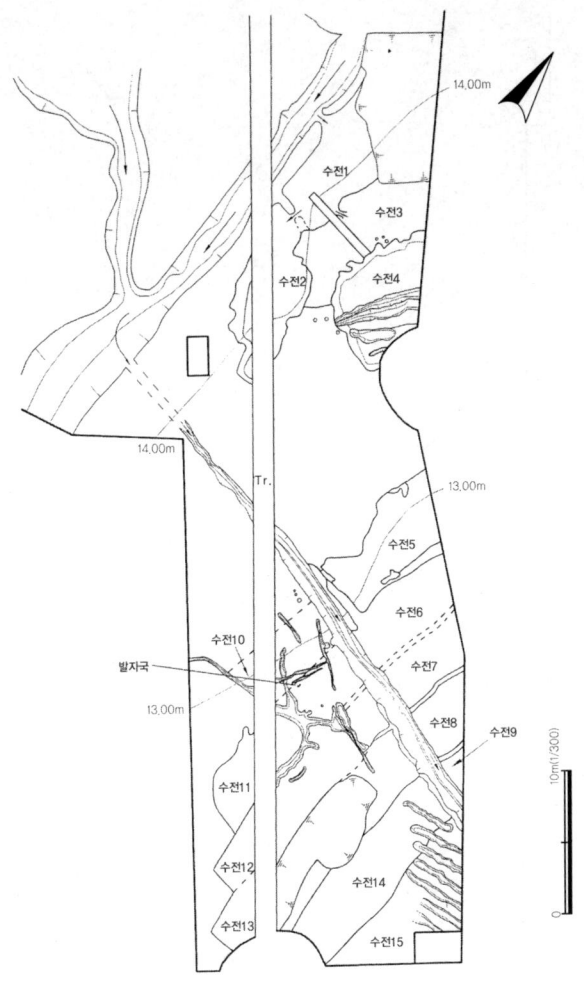

논산마전리유적 유구 배치도(고려대학교 매장문화재연구소, 『마전리유적』, 2004, 7쪽)

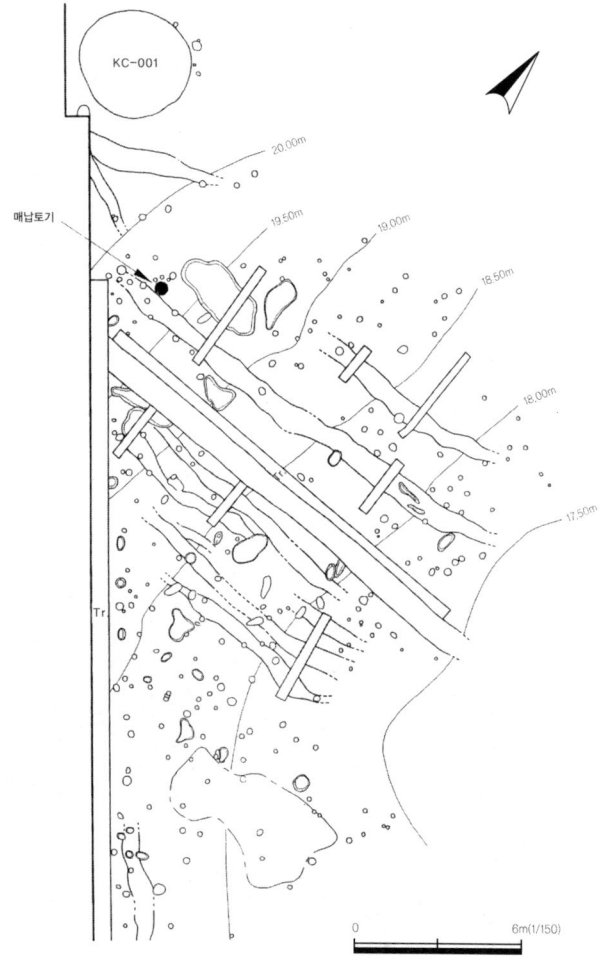

KC-001

매납토기

20.00m
19.50m
19.00m
18.50m
18.00m
17.50m

Tr.

0   6m(1/150)

논산마전리유적 밭유구 배치도(고려대학교 매장문화재연구소, 『마전리유적』, 2004, 115쪽)

식 논이라 할 수 있다. 논유구는 모두 15개의 작고 큰 구획이 확인되었는데 적은 것은 한 변이 3~4m의 방형 및 부정형이다. 큰 것은 등고선 방향으로 길이 15~18m, 너비 4~5m 정도의 장방형으로 구획하였다. 그리고 논의 아래쪽 일부에서는 밭고랑이 확인되어 경지의 전환 이용이 있었던 것으로 판단된다. 또한 논의 표면에서는 약 25㎝ 정도의 사람의 발자국도 확인되었다.

천안 장산리유적[77]은 산록의 경사도가 약해지는 계곡을 사이에 두고 해발 80~90㎝ 내외의 동서 양쪽 능선 사면에 분포하고 있다. 1994년도에는 원삼국시대의 마을과 삼국시대 말기의 석곽묘 2기, 고려시대 이후의 토광묘 13기 등을 확인하였다. 2000년에는 동쪽 능선과 계곡의 아래쪽을 조사하여 원삼국시대의 주거지와 관개 수로를 추가로 확인하였다. 특히 관개 수로는 계곡 중간 부분부터 양쪽을 나무기둥과 가지로 보강하여 계곡 아래로 길게 이어지고 있다. 이는 수전을 위한 관개 수로로 보이나 계곡의 침식이 심하여 조사구역의 수전 자체의 흔적은 잘 남아 있지 않다.

부여 구봉리유적[78]은 2000년 부여와 구룡리 간의 도로확장 및 포장공사 구간에서 발굴되었다. 청동기시대의 논유구와 관개 수로 및 백제시대의 밭유구로 이루어진 유적이다. 앞에서 살펴보았듯이 백제시대의 밭 경작유구가 A지구와 B지구에서 확인되었다. 특히 밭경작층 아래 약 10㎝ 두께로 이루어진 제3경작면 A지구에서는 동서방향으로 형성된 2개의 둑과 남북방향으로 형성된 1개의 둑[폭 30~50㎝, 높이 약 5㎝로 둑 사이의 간격은 대략 6m임]을 발견하였다. 또한 평면 형태로 보아서는 부분적으로 약간의 굴곡을 이루어 밭과 논으로서의 복합적인 기능도 상정해 볼 수 있다. 여건에 따라 밭과 논을 전환시켜 농지 이용의 극대화를 꾀했던 의도로 풀이된다.

이 유적에서 논유구와 관련한 것은 제1경작면과 제2경작면 그리고 우물로 보이는 환상집수유구이다. 제1경작면은 A지구는 제2경작로와 유사한 수로 7개 및 둑으로 구성되었으나, 발굴에서 드러난 여러 양상으로 출토 양상으로 미루어 청동기시대의 수전면으로 이해된다. 삼국시대 수전 아래 30㎝에 자리한 B지구에서는 수전이 확인되었는데 여기에는 수로와 둑, 그리고 수전면과 수전면 내의 발자국으로 추정되는 부정형의 흔적을 확인하였다. 수전은 최초 상·중·하층에서 3회 경작이 이루어졌음이 층위 조사 결과 확인되었다. 둑은 폭 60㎝, 높이 3㎝로 농로로서의 기능보다도 구획의 의미를 지닌 것으로 추정된다.

우물로 보이는 환상집수유구는 제1경작면 하부에서 확인되었다. 폭은 약 3m 내외이며, 깊이는 대략 50~60㎝ 정도로 내부에 다양한 크기의 목재들이 불규칙하게 쌓인 것이 특징이다. 내부에서 반달돌칼이 출토되어 환상집수유구의 역할과 편년에 도움이 되는 하나의 단서가 되고 있다. 이 자료를 통해 볼 때 제1경작면 하부 유구의 연대는 송국리유형 단계의 논으로 판단되어 대략 기원전 1400년경으로 짐작할 수 있다. 그래서 남한지역에서 청동기문화의 시작 시점과 논농사의 개시 시기에 대한 새로운 단서가 되었다. 그리고 최초 저습지의 높은 지하수면을 이

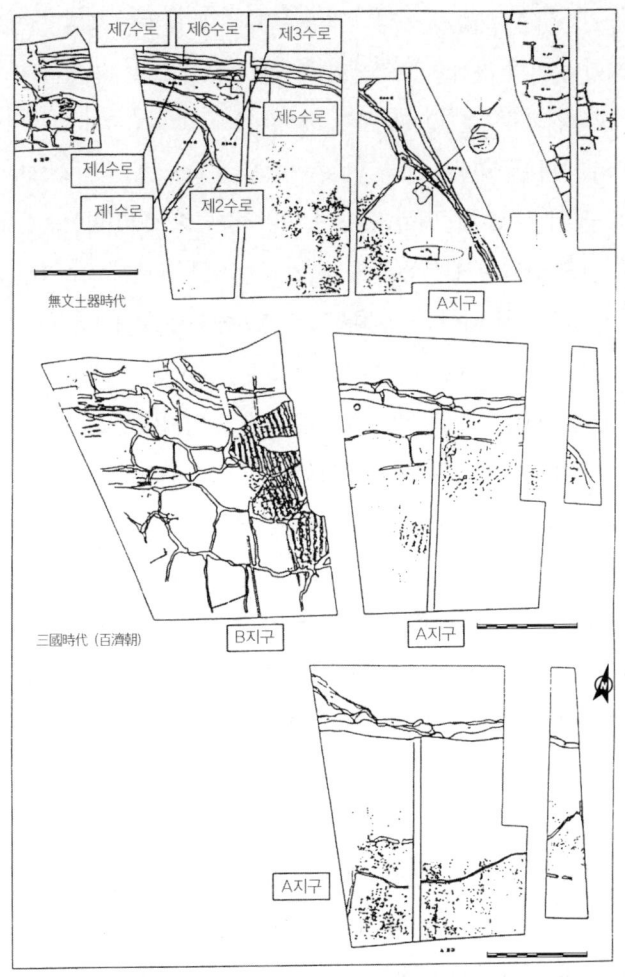

부여 구봉리유적 시대별 유구 배치도
(김도헌, 「선사·고대 논의 관개시설에 대한 검토」, 『호남고고학보』 18, 2003, 61쪽)

용하여 이루어지던 습전 농경단계로부터 점차 관개 수로의 개착을 통해 미고지 주변의 건전으로 경작면이 확대되었음을 알 수 있다.

부여 궁남지유적[79]은 1995년부터 연차적으로 발굴조사가 이루어졌다. 지금까지 나타난 궁남지 내부 및 주변에서는 목조 및 점질층으로 구성된 집수장 시설, 수로, 건물지 등이 다양하게 조사되었다. 수전유구가 확인된 것은 궁남지의 북동쪽에 해당하는 지역을 대상으로 한 1991년의 제2차 발굴조사 때이다. 흑회색점토층면에서는 수로 14m와 둑을 보강하기 위한 말뚝 20여 개 그리고 주변에 4·5m의 거리를 두고 심은 지름 60cm와 20cm 정도의 버드나무 뿌리가 확인되었다. 수로 주변에는 두 시기에 걸쳐 사용된 수전면이 있었던 것으로 추정하였다.

1993년의 제3차 발굴조사는 궁남지의 남동쪽 호안(護岸)의 일부와 입수시설의 일부를 파악하기 위해 실시하였다. 이때 백제 성토층 아래 50~60cm 정도 두께로 퇴적한 암갈색점토층에서 수로와 말목·나무·목재·할석 등을 이용한 수로 또는 보강시설과 수전경작층이 확인되었다. 수전경작층에서는 여러 차례에 걸쳐 경작한 흔적이 확인되었는데, 최상층의 수전면은 10면으로 추정되었다. 수전을 이루는 논의 평면 형태가 말각장방형이나 부정형의 모양을 띠고 있었다. 그 중 큰 규모의 수전은 약 6.3×5m=31.5m로 약 10평 정도이고, 작은 규모의 것은 4~5평 정도이다. 논둑은 너비 약 20~50cm로 일정치 않았으나 구획된 단위논 둘레의 둑은 대체로 일정한 폭을 유지하는 가운데 쌓았던 것으로 밝혀냈다.

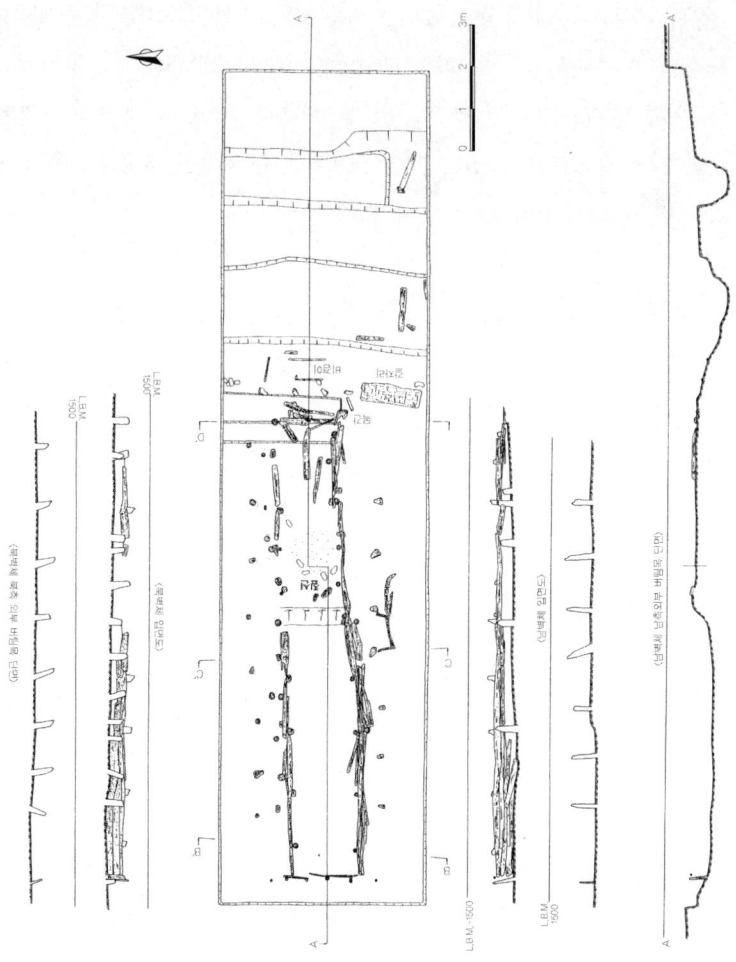

부여 궁남지 목조저수조 유구 배치도(국립부여문화재연구소, 『궁남지』 1999, 17쪽)

이와 같이 궁남지 조사를 통해 백제시대의 수전은 수전면과 논둑, 수로와 수로 부대시설 등이 여러 차례에 걸쳐 조영되었던 것이 확인되었다. 이와 함께 벼농사와 관련된 왕겨·벼뿌리·볏짚 등 백제의 농경연구의 기초 자료도 거두었다. 이 논유구의 연대는 출토 유물로 보아 6세기 중반~7세기 전반경으로 볼 수 있다.

(2) 수전 개발

우리나라는 다소 지역 간의 차이는 있지만 전통적으로 논이 밭에 비해 비중이 적은 것으로 나타난다. 논의 개간이 크게 진척되었던 조선 세종대의 논의 평균 비율을 『세종실록지리지』를 근거로 살펴보면, 약 27~28%에 불과한 것으로 조사되었다.[80] 그럼에도 불구하고 논이 일반적으로 밭보다 약 2배의 소출이 많은 것으로 알려지고 있다.[81] 논농사에는 물이 필요불가결한 요소이다. 논은 수리 관개문제가 해결될 경우 토지의 지력 회복이나 제초를 할 때 노동력이 크게 절감되어 여러 면에서 유리한 점이 많다. 즉 논에 용수로 공급되는 관개수는 작물의 성장에 필요한 영양분이 상당히 용해되어 지력 유지에 큰 도움이 될 뿐 아니라, 그 물을 논에 가두어 홍수를 조절하는 효과를 거둘 수 있다. 또 잡초의 성장을 억제하여 제초작업에 투입되는 노동력을 절감 효과도 가져온다. 이러한 이유로 농민들은 밭보다 논농사를 더 선호해 왔던 것이다.

백제지역은 기후가 온난하고 지리적으로 한강·금강·영산강과 같은 큰 하천이 흐른다. 그래서 선사시대부터 벼농사에 적합한 지역으로 알려져 왔다.[82] 벼농사는 위도나 기온·강수량 등의 자연조건에 제약을 받기 때문에 청동기시대에는 한강·금강·영산강유역에 위치한 낮은 구릉지대를 중심으로 사람들이 모여들었다. 이에 따라 형성된 수혈주거지 주위의 경작지에서는 〈표 1〉 곡물자료 출토 현황에서 보듯이 쌀을 비롯하여 보리·수수·조·콩 등의 곡물을 소규모로 경작하였다. 초기 농경 유적지로서 잘 알려진 경기 여주 흔암리 12호와 14호 주거지[83]를 비롯하여 충남 부여 송국리 54-1호 주거지,[84] 전북 부안의 소산리(所山里)와 반곡리(盤谷里),[85] 전남 나주 가흥리(佳興里)[86]와 해남 군곡리(郡谷里) 등의 유적지에서 탄화미나 또는 토기에 볍씨자국이 발견된 일이 있다. 백제권 지역에서 청동기시대의 논유구가 조사된 지역으로는 논산 마전리유적, 보령 관창리유적, 부여 구봉리유적이 있다.

백제시대의 논유구는 〈표 4〉 논유구 조사현황에서 처럼 현재 천안 장산리유적을 비롯하여 6곳에 불과하여 그 실체를 파악하기는 좀 어렵다. 위치적으로 청동기시대의 논산 마전리유적처럼 구릉 사면과 그 아래에 자리한 저지대이거나, 또는 하천의 범람원이나 배후습지에 자리하는 경우가 많았다. 이들 논유구에는 크고 작은 구획이 설정되어 물을 끌어 대기 위한 관개시설이 부분적으로 개설되었던 것으로 나타난다. 논산 마전리와 부여 구봉리유적에서 보듯이 토지이용에 따라 논과 밭을 교대로 바꾸어 경작하는 사례도 있다.

『삼국사기』 백제본기 초기 기록에는 보리·콩·팥 등의 곡물명이 많이 나온다. 이로 미루어 백제 초기의 농경은 벼농사보다도 밭농사를 중심으로 이루어졌던 것으로 보인다. 그 후 밭농사가 농경의 중심을 이루는 가운데 점차 수전이 새로이 개발되고, 이에 따른 수리시설인 제방의 수리사업이 이루어지기도 하였다. 관개 수리사업은 논농사와 밀접한 관계가 있기 때문에 규모가 작은 관개 수리시설들은 국가적인 차원보다도 지역 주민들의 적극적인 관심과 참여하에서 이루어졌고, 규모가 큰 관개 수리시설은 중앙정부의 통제하에 이루어진 것으로 볼 수 있다.

『삼국사기』 백제본기에 나오는 논과 관개 수리시설에 관련한 기사를 살펴보면 다음과 같다.

2월에 나라 남쪽의 주·군에 영을 내려 처음으로 도전(稻田)을 만들게 하였다. (다루왕 6년, 33)

6월에 큰 비가 열흘이나 내려 한강의 물이 넘쳐 민가를 떠내려가게 하고 허물어뜨렸다. 가을 7월에 담당 관청에 명하여 수해를 입은 농토를 보수하게 하였다. (기루왕 40년, 116)

봄 2월에 담당 관청에 명령하여 제방을 수축하게 하였다. (구수왕 9년, 222)

봄 2월에 나라 사람들에게 명하여 남택(南澤)에 도전을 개간하게 하였다. (고이왕 9년, 242)

처음으로 벽골지(碧骨池)를 만들었는데 둑의 길이가 1,800보였다. (『신라본기』 흘해니사금 21년, 330)

또 욱리하(郁利河)에서 큰 돌을 가져다가 곽을 만들어 부왕의 뼈를 장사하고 강을

따라 둑을 쌓았는데 사성(蛇城) 동쪽에서 숭산(崇山) 북쪽에까지 이르렀다. (개로왕 18년, 472)

봄 정월에 명령을 내려 제방을 튼튼하게 하고 중앙과 지방에서 놀고먹는 자들을 몰아 농사를 짓게 하였다. (무령왕 10년, 510)

3월에 궁궐 남쪽에 못을 파고 20여 리에서 물을 끌어들였으며, 네 언덕에는 버드나무를 심고 물 가운데에는 섬을 축조하여 방장선산(方丈仙山)에 비기었다. (무왕 35년, 634)

위 기사에 의하면, 백제는 1세기 무렵부터 진벌인 '택(澤)'에 '도전(稻田)'을 개발한 것으로 나타난다. 위 기사에서는 국가적인 관심 속에서 논을 개간하고, 이를 뒷받침하기 위한 기반시설인 관개 수리시설을 축조 정비한 것으로 되어 있다. 그러나 백제의 중앙지배력이 지방에 미치는 시기를 감안해 보면, 기사를 그대로 받아들이기는 어렵다. 여기서 '도전(稻田)'이란 수전 즉 논을 가르키는 것이다. 진벌인 '택(澤)'은 자연적으로 물이 고인 소택지로서 배수가 제대로 안되어 지하수위가 높고, 유기물의 분해가 좋지 않은 자연 저습지를 뜻한다. 물론 지역의 자연적인 조건에 따라 다르기는 하지만 백제 초기에는 자연 저습지가 논의 개간 대상으로 적합한 지역이었음을 보여주고 있다. 백제 초기 소택지 주변의 수전경영은 주로 소·지류의 하천물이나 배후습지의 지하수를 간단한 도수(導水)시설을 통해 급수하는 방법을 취했을 것이다.[87] 그리고 제방축조는 산간계류를 이용하여 간단한 물길을 파서 계곡 안에 형성된 소규모 경작지에 급수를 하거나, 또는 자연적으로 형성된 못 [池]·소(沼)·저습지를 취수원으로 하여 수로를 통해 급수하는 형태로 관개가 이루어졌을 것이다.

다음으로 기루왕(己婁王, 77~128)대의 기사에서는 수해를 입은 낮은 지대에 위치한 논을 보수하도록 조치한 흔적이 보인다. 이는 왕도나 그에 가까운 하천의 침수된 농토를 대상으로 한 것 같다. 고이왕(古爾王, 234~286)대에도 논을 개간하는 기사가 이어지는데, 왕도 한성 남쪽일대의 자연 소택지를 대상으로 하고 있음을 알 수 있다.

논의 개간이나 수리기사와 함께 점차 그 기반시설로서 수리 관개시설이 갖추어져 나가고 있었음이 위 기사에서 확인된다. 즉 구수왕(仇首王, 214~234)대에 제방을 수축한 기사가 처음으로 보이고 330년경에는 김제에 벽골지(碧骨池)를 축조한 기사가 나온다. 벽골지는 전북 김제시 부량면에 자리한 저수지로서 길이는 약 3㎞이고, 제방의 높이는 4.3m 에 이른다. 1975년에 벽골지 발굴조사를 통해서 제방의 밑바닥에서 채취한 탄화된 식물을 시료로 한 방사성탄소 연대를 측정한 결과 대략 4 세기 중엽에 축조된 것으로 추정하였다.[88] 따라서 신라 홀해니사금(訖解尼師今, 310~356) 때 축조되었다는 위 기사는 백제 비류왕대(比流王, 304~344)의 사실이 신라에 잘못 삽입된 것으로 보고 있다.[89]

그런데 대규모 관개 수리시설들의 축조와 유지·정비는 대규모의 노동력 동원과 재원 및 고도로 발달된 토목기술을 필요로 하기 때문에 중앙집권화된 권력을 가진 국가 단계에 접어들어 나타나고 있다. 당시 백제가 김제지역까지 중앙지배력을 확대시키기가 어려웠던 것으로 보고, 벽골제 축조사실을 부정하는 견해도 있다. 그러나 저수지 둑 길이가 약 3km나 되는 큰 규모의 제방이 중앙집권적인 정치체가 개입하지 않고, 지역 주민들의 자발적인 협동으로 이루어졌다고 보기에는 의문이 생긴다. 충남대학교 박물관의 발굴조사에 의하면, 벽골제 제방을 축조하는데 대략 161,253㎥의 흙이 소요되었다는 계산이 나왔다. 그리고 연인원 32만2천5백여 명이 동원되었을 것으로 추정하였다. 그밖에 수문의 석주를 축조하는 과정에도 많은 전문 인력이 동원되었을 것을 감안하면, 벽골제 제방공사에 동원된 인원은 추정한 것보다 훨씬 많았을 것이다. 이러한 큰 규모의 역사를 진행하는 동안 엄청난 규모의 노동력과 경비 등이 필요했기 때문에 지역 단위 정치체의 힘만으로는 불가능한 일이었다.

벽골제 축조 이후의 기사들에서 중앙정부의 지휘아래 제방 축조나 궁남지와 같은 못이 조성되었음을 알 수 있다. 5세기 후반 개로왕(蓋鹵王, 455~475)대에는 사성(蛇城) 동쪽에서 숭산(崇山) 북쪽에 이르는 한강변에 큰 제방을 쌓은 것으로 기록하였다. 6세기 초 무령왕(武寧王, 501~523)대에도 수리 제방시설을 축조하여 유망민들을 귀농시켜 안집시키는 조치를 취하는 기사가 보인다. 이는 『일본서기』 계체기 3년조의 기사와 관련이 있다. 유민들을 농토로 귀환시키는 시책에 해당하는 기사인 것이다. 무령왕이 제방을 튼튼하게 쌓아 유민들을 농토에 돌아가게 한 것은 금강유역권 개발을 의미하는 동시에 농업 생산력제고와 함께 농업 노동력을 확보하려는 정책에서 나온 것으로 해석된다. 백제 말기 무왕(武王, 600~641)대에는 부여에 중국의 삼신산 설화에 나오는 방장 선산에 비유될 호사스러운 궁남지를 조영한 사실을 전하고 있다.

이처럼 백제가 밭농사 중심의 농업경영에서 수전개발을 촉진시킨 이유는 무엇보다도 농업 생산력을 향상시키기 위한 것으로 보인다. 즉 논농사는 일반적으로 밭농사에 비해 2배쯤 생산력이 높은 것으로[90] 알려지고 있다. 다음으로 식량을 안정적으로 확보하려는 측면도 있었을 것이다. 백제는 건국 초기부터 가뭄과 홍수 등의 자연재해로 인하여 생산기반은 물론 생산자인 농민들의 생활 기반마저 위협을 받고 있었다. 이로 인하여 도적이 일어나거나,[91] 또는 농민들이 고구려나 신라로 유망하는 사례도 여러 차례 발생하였다.[92] 더구나 주된 농작물인 보리나 콩을 심은 밭농사를 해치는 일도 빈번히 일어났다.[93] 이로 인하여 고리대를 매개로 한 귀족층·사원세력·부호농민층의 사유지 확대, 이에 따른 소농민층의 몰락 그리고 거주지나 토지에서 생산기반을 잃은 채 유망민으로 전락하는 현상이 빈번하게 일어나고 있었다. 이러한 현상은 국가의 재정기반의 약화를 가져오기 때문에 백제는 이를 방지하기 위해 적극적인 농민 안정책의 일환으로 권농정책을 추진해 나가지 않으면 안되었다.

그런데 논농사는 밭농사와는 달리 수리 관개시설이 갖춰지는 조건이 전제될 때 가뭄 등의 자연재해를 어느 정도 극복할 수 있다. 또한 농사의 재배조건에서 볼 때 벼품종의 개량 및 벼의 생육에 필요한 질소·인산·가리 등 자연비료 공급원이 바로 물이었고, 잡초를 제거하는 데도 물이 아주 유용하였다. 그리고 벼는 밭작물보다 오래 저장할 수 있는 이점을 지녔다. 따라서 식량을 다량 생산한다는 의미 이외에 이를 안정적으로 확보한다는 측면에서 수전개발과 소규모의 관개 수리시설을 국가적인 관심 속에서 점차 갖춰나간 것으로 볼 수 있다. 백제는 차츰 중앙집권체제를 정비하면서 국가적인 차원하에 벽골제와 같은 대규모의 관개 수리시설을 축조 정비하여 농민의 안정책과 함께 농업 생산력의 증산을 도모했던 것이다.

이러한 수전의 개발과 수리 관개시설의 축조와 정비를 위해 철제 괭이와 가래날 등이 적극적으로 보급되었다. 이는 노동력을 절감하고 경지면적을 확대시켜 농업 생산력을 증대시키는 요인으로도 작용하였다.

2. 수공업의 발달

1) 관영 수공업의 성장과 경영 형태

백제 수공업[94]의 연원은 삼한시대로 올라간다. 마한에서는 치레걸이인 영주(瓔珠)와 면포같은 직물, 가죽신 따위를 생산하였다.[95] 3세기 무렵 철의 수요가 높아지면서 교역과 철생산이 촉진되어 백제 관영수공업이 성장하는 배경이 되었다. 철은 당시 생활용품·무기·농토목용구 등의 원료로서 사회적 수요가 증대되었던 만큼 그 자원 및 생산기술의 확보는 바로 부의 축적을 의미하는 동시에 지배 권력을 유지하는 수단이 되기도 하였다.

철은 삼한 가운데 주로 변진에서 많이 생산되어 삼한 소국이나 낙랑·대방·왜에 수출되었다.[96] 백제지역에서도 물론 산출되기도 하였다. 백제의 발상지인 한강유역에서는 기원전 1세기 이후 철기의 생산기술이 파급되기 시작하였다. 철기가 출토되는 유적으로는 양평 대심리유적, 춘천 중도유적, 중원 하천리 F유적, 가평군 이곡리와 마장리유적 등이 있다. 가평 마장리유적에서는 야철용 토제 풀무조각이 철제 조각과 함께 출토되었고, 수원 서둔동유적에서는 집터(1변 4m 전후의 방형·장방형 수혈집터) 안에서 단조로 된 철제도끼와 철촉, 철도자 등이 함께 출토되었다. 춘천 중도유적의 1호 집터(동서 5.4m, 남북 5m 크기의 말각 방형에 가까운 둥근 수혈집터임)에서는 도끼날형의 철촉과 철끌, 철편 등이 출토되었으며,[97] 중원 하천리유적 1호 집터(10.5×8.3m의 대형 장방형 집터임)에서는 철로 만든 도끼·가래·낫·칼·괭이 등이 출토된 바 있다.[98]

이처럼 백제 초기에 한강유역을 중심으로 집터 유적에서 철기 제품이 발견되었는데, 그 원료가 되는 철 소재가 산출되는 지역이 존재했던 사실을 『일본서기』는 다음과 같이 전하고 있다.

우리나라 서쪽에 시내가 있는데, 그 근원은 곡나(谷那) 철산으로부터 나옵니다. 그 먼 곳은 7일을 가도 이르지 못합니다. 이 물을 마시다가 문득 이 산의 철을 얻어서 성스러운 조정에 길이 바치겠습니다.[99]

위 기사에서 백제가 번국이 되어 일본에 조공하는 관계로 서술한 점은 받아들일 수는 없지만, 백제에 곡나라는 철산지가 있었음은 분명할 것이다. 여기서 백제의 철산지로 왜국에까지 알려진 곡나는 충주로 비정되는데[100] 충주지역은 고대 이래 철산지로 유명하다. 인근에 자리한 진천 석장리유적에서 3~4세기의 제철유적이 발견되어 그 관련성을 엿볼 수 있다. 또한 서산 명지리 토광묘에서는 철의 중간 소재인 덩이쇠[鐵鋌]가 출토되었고, 근초고왕 때 탁소(卓素)라는 야철공이 왜에 파견되었던 기록[101] 등에서 이러한 사실을 찾을 수 있다.

이러한 철 수요의 확대는 재산의 소유관계에도 크게 변화를 일으켰던 것으로 보인다. 지배자 집단은 철과 같이 교환가치가 높은 자원이나 특별한 제작기술을 요하는 물품을 독점함으로써 정치권력을 장악하는 한 수단으로 활용하기도 하였다.[102]

국초에는 수공업 생산이 주로 생산자인 민의 자급자족적인 형태로 이루어졌다. 국가나 옛 소국, 부내부의 수장층들은 사치품이나 무기 및 생활용품 등을 만들기 위해 특수한 생산물이나 생산수단을 독점적으로 장악하였다. 그러나 국가 지배력이 점차 강화되면서 관영 수공업의 경영형태가 점차 변화되었을 것으로 짐작된다. 국가는 중앙정치에 참여한 귀족이나 단위 정치체의 수장층과 호민들에게 기존의 생산방식과 소유권을 그대로 인정해 주는 대신 국가에 일정한 생산물을 공납토록 하는 수취방식을 취하였다.[103] 그러면서도 국왕을 비롯한 중앙귀족들은 철과 같이 사회적 생산력을 규정하는 생산물이나 금·은과 같은 사치품의 생산 및 소유를 통제하게 되었다. 백제의 관식을 보면, 국왕은 금화로 장식한 오라관(烏羅冠)을 썼다. 그런데 솔급 관등의 하한선인 6품 내솔(柰率) 이상의 신분층들은 은화를 장식한 관식을 사용했다는 점은 참고가 될 것이다.

4세기 후반 근초고왕 때에 군 단위까지 지방통치조직이 정비되고, 또한 중앙정부에서 각 지방별로 산출되는 특산물을 일률적으로 파악하게 됨에 따라[104] 관영 수공업의 경영형태에도 어떤 변화가 뒤따랐을 것으로 짐작된다. 그 구체적인 변화 양상은 알 수 없지만, 중앙지배력이 직접 미치는 지역에는 군을 수취단위로 공물세[調] 형태로 수공업 생산에 소요되는 생산물을 확보했을 것으로 보인다. 이러한 지방 특산물의 체계적인 수취를 전제로 생산기술 수준이 높아지고, 새로운 수공업 부문이 생겨나면서 왕실이나 관청에서는 장인을 확보하였다. 그래서 필요한 물품을 전업으로 생산하는 형태의 관영 수공업을 발전시키는 계기가 마련되었던 것으로 볼 수 있다.

그 후 관영 수공업이 제도적으로 정비된 것은 사비시대 초기인 성왕대였다. 중앙의 정치기구 안에 관영 수공업을 관리하고 운영하는 여러 관청을 두었다. 그리고 장인들을 배속시켜 왕실이나 중앙 관청에서 필요한 여러 물품을 생산토록 했던 것이다. 성왕대에 설치한 22부 가운데 관영 수공업을 관리 · 운영하기 위해 설치한 관청들이 이를 뒷받침해 준다.

22부사에 의거하면, 이때의 관영 수공업은 크게 두 체계로 구분될 수 있다.[105] 그 하나는 궁궐 내의 필요한 물품과 국왕의 사여물은 물론 대외교역품을 생산하는 궁중 수공업이었는데, 궁정의 업무를 담당하는 내관 12개 관청 가운데 마부(馬部)·도부(刀部)·목부(木部) 등이 이에 해당한다. 다른 하나는 관급 물품을 생산하는 관청 수공업이었는데, 일반 행정관부인 외관 10개 관청 가운데 사군부(司軍部)·사공부(司空部)·주부(綢部) 등이 이에 해당할 것이다. 이들 관청의 구체적인 직능은 알 수 없지만, 그 명칭으로 미루어 어느 정도 짐작할 수는 있다. 마부는 마정과 함께 궁실의 필요한 말과 수레의 여러 부속품의 생산을, 도부는 궁실에서 필요한 의전용 대도인 환두대도나 칠지도 등과 같은 지배층의 위신재를 생산하는 일을, 목부는 왕실 안에서의 토목·건축의 업무와 목제품의 생산을 각각 맡았을 것으로 보인다. 그리고 사군부는 군사행정과 함께 각종 무기의 생산을, 사공부는 각종 건설 보수공사의 업무를, 주부는 공물수취 행정과 함께 직물 수공업의 생산을 각각 맡았을 것으로 짐작된다.

이와 같이 6세기 이후 백제의 관영 수공업은 수공업 부문의 규모와 기술수준 및 운영 조직체계면에서 상당한 진전을 이루었다. 관영 수공업에 들어간 업종들은 바로 이 시기 백제 관영 수공업의 분업 수준을 반영해 준다. 특히 불교건축 부문에서는 분업화가 상당히 진행된 듯하다. '승려와 탑이 많다'고 서술한 『주서』 백제전 기사에서 보듯이 불교의 융성함을 반영해 주고 있다. 6세기 후반 법흥사 건립을 지원하기 위해 왜에 파견한 백제의 장인들 가운데 절을 전문적으로 건축하는 기술자

[寺工], 탑의 노반을 전문적으로 만드는 노반박사(露盤博士), 기와를 만드는 와박사(瓦博士) 그리고 그림을 잘 그리는 화공(畵工) 등이 분화되어 나타난다.[106) 이로 미루어 당시 사원건축 부문에서는 생산 공정별로 상당한 수준의 분업화가 이루어졌음을 알 수 있다.

그리고 일부 왕실과 관련된 사원에는 전문 기술자들이 배속되어 왕실이나 사원 자체의 수요를 위해 주요 품목들을 생산하였다. 그 대표적인 예가 부여 능산리사지의 서쪽 회랑 북단에 위치한 제3건물지 공방터에서 출토된 백제대향로이다. 공방터는 동서에 각각 퇴칸을 갖춘 맞배집으로 3개의 방으로 되어 있다. 백제대향로가 발견된 곳은 중앙 방의 북벽의 연도시설에 붙어있는 목곽 수조에서였다. 이와 함께 각종의 금동제품 · 칠기편 · 유리제품 · 토기류 · 기와류가 발견된 것으로 보아 사원에서 고도의 기술을 가지고 금속공예품과 유리제품 등을 생산하고 있었음을 알 수 있다.

이처럼 관영 수공업 부문이 점차 다양해지고, 또한 분업에 따라 생산 기술이 향상되었음을 짐작할 수 있다. 이러한 추세는 백제가 왜에 파견한 장인 기술자들로 미루어 볼 때 불교건축과 제약 · 의술 · 역법 등 제한된 분야에서만 나타났던 것으로 보인다. 사료의 한계인지는 알 수 없지만, 신라처럼 다양한 생산 공정별 분업 형태로 직물을 생산하는 현상이 좀처럼 찾아지지 않는다. 백제는 이와 같은 상급 장인들에게 박사(博士)의 관직을 주어 업종별로 전문화를 제고시키려고 한 것 같다. 그러나 불교건축 등과 같은 제한된 분야를 제외하고는 신라의 경우처럼

제도적으로 생산 공정을 여러 분야에 걸쳐 분업화하면서도[107) 그 공정
을 체계화하지는 못한 것 같다. 아마도 초보적인 단순 협업을 통하여
개별적으로 완제품을 생산하는 경우가 많았을 것으로 보인다.

다음으로 관영 수공업의 관리체계를 살펴보자. 관영 수공업을 담당한
22부사는 외형상으로는 해당 6좌평이 통할하는 형태를 취했던 것으로
보이나, 실질적으로 해당업무를 수행하는 책임자는 3년 임기의 장사(長
史) 또는 장리(長吏)였음을 알 수 있다.[108) 22부의 직제 구성은 알려지지
는 않았지만, 위덕왕 때 왜에 파견한 백제 사절단의 구성을 통해 그 단
편적인 실상을 짐작할 수 있다. 이 사절단의 책임자는 덕솔(德率)과 내
솔(柰率)의 솔급 관등을 지녔고, 단원들은 대체로 오경박사(五經博士),
역박사(易博士), 역박사(曆博士), 의박사(醫博士), 채약사(採藥師), 악인
(樂人)의 직책을 지닌 덕급(德級)의 관등 소지자였다.[109) 이들 단원은 대
색(帶色)의 관복을 입어 솔급과는 구별되고 있다. 각기 22부에 소속된
전문적인 실무 행정관리인 듯하다. 이로 미루어 보면 22부의 책임자인
장사 또는 장리는 솔급으로 임명되고, 그 아래 실무에 종사하는 행정관
리는 솔급 아래인 덕급(德級)으로 임명된 것이 아닐까 한다.[110)

한편 국가는 관영 수공업의 행정 관리체계를 확립하고, 아울러 생산
의욕을 고취시키는 가운데 일반 장인들을 관리 · 통제하기 위해 소규모
의 작업장을 설치했던 것이다. 그리고 업종별로 우수한 장인들을 선발
하여 배속시켰을 것으로 짐작된다. 이들 장인은 예하의 하급 장인들을
기술적으로 지도 · 통제하는 업무를 수행하였고, 그들은 그 대가로 국

가로부터 박사의 직위와 함께 주로 덕급의 관등을 수여받을 정도의 대우를 받은 듯하다. 근초고왕 때 왜에 파견한 야철 기술자 탁소(卓素)와 신라 황룡사 9층탑을 세운 백제의 아비지(阿非知),[111] 무령왕릉에서 출토된 은제 팔찌를 만든 다리(多利)[112] 그리고 위의 왜에 파견된 박사들이 이에 해당하는 장인으로 간주된다.

상급 장인의 밑에는 양인 출신의 하급 장인들과 노비 출신의 장인들이 많이 배속되었을 것이다. 이들은 각기 사회 경제적인 처지에 따라 차이가 있었다. 그 가운데 하급 장인들은 상급 장인과는 달리 대부분의 경우 자기 경리로서 생계를 유지하면서 관역에 징발되었을 것이다. 그들은 자기가 생산한 수공업 제품을 공물세인 조(調)를 납부하면서 관역에 징발되어 부역노동을 부담하기도 하였다. 이는 관영 수공업의 생산 효율을 저하시키고, 아울러 민간 수공업의 발전을 저해시키는 요인이 되었다.

2) 민간 수공업의 성장

당시 농업이 주된 산업이고, 자연경제적 성격을 띠었기 때문에 대부분의 수공업은 농업과 긴밀히 결합되어 있었다. 따라서 농민들은 농사를 지으면서 부수적으로 가내 수공업의 형태로 원료를 마련하여 직물류나 생활용구 등을 생산하였다. 특히 직물류는 농민들의 기본적인 옷감으로서 광범위한 수요가 요구되었을 뿐 아니라 국가에 납부해야 하는 공물의 주요 품목이었는데, 그 대부분은 농민들의 가내 수공업으로 생산되었다. 마한에서는 농상을 장려하여 면포를 생산하였음이 『삼국지』 한조 기록에 나온다. 『주서』에 의하면, 6세기 무렵 백제의 주요 세의 품목이 베[布], 비단[絹]과 함께 직물의 원료인 명주실[絲]과 마(麻)인 것으로 나타난다. 그리고 〈광개토대왕릉비〉에 의하면 백제가 영락 6년(396) 작전의 패전으로 세포 천 필을 고구려에 공납한 사례가 보여 베가 백제의 주요 생산품이었음을 시사하고 있다. 조선시대에 충남 한산지역에서 질 좋은 모시가 생산된 점이 참고된다. 백제의 직물류 생산은 '남경여직(男耕女織)'이란 말이 있듯이[113] 여자들의 집단노동 형태로 이루어졌을 것이다. 신라의 경우 8월 한가위에 벌어지는 길쌈놀이와[114] 아달성(阿達城)에서 마를 심는 작업이 요역의 형태인 공동 작업으로 행해진 사례가[115] 참고된다.

이와 같이 민간 수공업 부문 가운데에서 가내 수공업이 기본적인 생산형태였고, 6~7세기 무렵에 이르러 농업에서 수공업이 점차 분리되면서 수공업을 전업으로 하는 전업 수공업자도 생겨난 것으로 보인다. 백제에서는 이러한 사례[116]를 찾기 어렵지만 7세기 후반 신라의 광덕(廣德)이란 승려의 경우가 이에 해당하는 것으로 볼 수 있다. 광덕은 신라 왕경인 지금의 경주 분황사 근처에 은거하면서 신발을 만들어 생계를 유지하였다고 한다. 광덕은 신라 왕경이라는 대도시의 영세민이기 때문에 과연 신발을 만드는 일을 전업으로 하는 수공업자로 보는 데에는 다소 의문이 생길 수도 있다. 그러나 문무왕대 당시에는 왕경에 이미 동시, 서시와 같은 시장이 개설되어 있었고 또 이를 관리하기 위한 동시전(東市典)이란 기구가 설치되어 있었던 것으로 보아 전업으로 신발을 만들어 이곳 시장에 내다 팔 수 있는 여건은 충분히 조성되어 있었을 것으로 보아도 무방하다. 여기서 광덕은 단순히 자가 수요를 위한 것만이 아니라 교환과 매매를 위한 생산에 전업적으로 매달렸음을 얼마만큼 알려주고 있다.[117] 이는 당시 진행되고 있었던 시장의 발달, 대외관계의 진전 등과 무관한 일은 아닐 것이다. 그리고 민간 수공업의 발달은 관영 수공업에도 큰 영향을 주었음은 물론이다.

3) 각종 생산기술의 발전

(1) 금속가공기술의 발전

백제는 금·은·청동·철 등의 금속을 소재로 한 가공기술을 발전시켜 무기나 생산용구를 비롯하여 지배층의 위신과 사치적 욕구를 충족시키기 위한 사치품과 일반 사람들의 생활용품에 이르기까지 여러 제품을 만들었다. 금속 가공업 가운데에서 가장 큰 비중을 차지하고 있는 것은 철 가공업이었다.

백제는 1세기 이후 철기의 사용이 보편화되면서 주철과 단조철로 된 철제용구들을 다량으로 생산하였다. 백제가 성장한 한강유역에는 원삼국기부터 철생산이 이루어졌음은 양평 대심리유적이나 가평 마장리유적지 등을 통해서 알 수 있다. 야철을 하는 데에는 원료인 사철과 송풍장치가 달린 야철로의 설치와 연료인 참나무로 만든 숯 등이 필요하였다. 철의 원료는 노두광상(露頭鑛床) 상태로 드러난 자철광이나 적철광에서 쉽게 채취되거나 또는 하천에 쌓인 사철인 것으로 보인다. 백제는 『일본서기』의 '곡나(谷那)' 기사에서 보듯이 철광산을 본격적으로 개발하고, 그 철광 원료로 쇠를 뽑아 여러 가지 철 가공품을 생산하였다.

진천 석장리에서 발견된 3~4세기 무렵의 제철로가 이를 뒷받침해 준다. 지금까지 모두 15기의 제철로와 관련한 노지를 확인하였다. 특히 6호 용해로 주변에서는 소형의 송풍관 조각들과 철제 도끼와 이를 주조하는데 쓰여진 토제 범심(范芯) 10여 점이 출토되어 제철 다음 단계의 공정에 해당되는 철기 용해과정을 확인시켰다. 아울러 철기를 제조하는 공정에 생성되는 단조의 박편들도 나와 철기의 단조 공정도 존재하였음을 보여주고 있다. 이와 같이 석장리유적에서는 철 원료의 생산부

진천 석장리유적 상자형 제철로

터 철제품에 이르는 제련·용해(주조)·단조 공정이라는 철 및 철기 생산의 일련의 생산공정을 보여주어 백제의 철 생산과정을 이해하는 데 중요한 자료로 평가되고 있다. 이러한 제철로에서 규격화된 쇠덩이를 서 1차 가공하여 덩이쇠[鐵鋌]를 만든 다음 용도에 따라 다양한 철제품을 만들어 썼다. 백제지역에서 덩이쇠가 발견된 예는 적지만, 진천 석장리와 서산 명지리 토광묘[118] 그리고 서천 오석리 토광묘,[119] 영암 와우리, 영광 화평리, 해남 원진리 등이 있다. 문헌기록에는 근초고왕 때 왜에 철정을 보내준 사례[120]가 나온다.

그런데 한강유역과 공주 및 부여·논산지역에서 출토된 철제품을 대상으로 한 화학성분과 금상조직 검사에서 백제의 제철 기술 수준이 높았던 것으로 나타났다.[121] 즉 분석한 철기들은 탄소강을 단조한 제품으로 주조품의 단점을 개선한 기술적 발전이 드러난 것이다. 그리고 중고탄소강을 초강법으로 제조하였을 가능성도 발견되었다. 이들 철제품은 주로 공냉방식으로 열처리를 하였으나 물달금질도 사용되었던 것으로 판단하였다. 이러한 연구 결과 한강유역에서는 기원전 2세기부터 기원후 2세기까지의 사이에 괴련강(塊鍊鋼)이나 주철(鑄鐵)을 제조하는 기술이 정립되었고, 여기에는 중국 한나라 때 개발된 초강기술이 부분적으로 적용되었을 가능성이 제기되었다. 이때 괴련강(Sponge Steel) 기술이란 철광석을 저온으로 환원한 후 내부에 남은 불순물을 단조 방법을 써서 어느 정도 제거한 괴련철을 원료로 침탄과 단조를 반복한 후 재질을 개선한 강철을 말한다. 그리고 초강(炒鋼) 기술이란 철광석을

기안리 중앙부 유적 전경(기전문화재연구원)

일종의 수로(竪爐)에서 환원하여 용융 상태의 선철로 빼낸 다음 강철로 만드는 과정을 말한다. 그러니까 선철에서 슬래그를 분리시켜 노 바깥으로 내보낸 뒤 용융상태를 유지하면서 송풍하거나, 그대로 휘저어 선철 속의 탄소를 연소시켜 만든 강철이다. 백제는 이러한 철기의 야금기술을 더욱 발전시켜 4세기부터는 독자적으로 초강을 생산해 내는 제철기술을 보유했던 것으로 보고 있다.[122] 이를 입증하는 자료가 칠지도·환두대도·철기의 소재인 덩이쇠[鐵鋌]와 더불어 철을 만들었던 진천 석장리의 철생산유적이다. 칠지도명문에 나오는 '造百鍊鋼七支刀'란 구절은 초강을 백번 달금질하여 만들었다는 뜻으로 해석된다. 백제는 4

세기대에 이미 초강법과 반사로법(反射爐法)을 가진 중국의 발달된 초강 기술을 사용하여 저탄소강의 칼을 만드는 단계에 진입하였음을 보여준다. 그리고 서산 대산리유적과 청주 신봉동유적, 화성 백곡리유적, 천안 청당동유적, 서천 오석리유적 등에서 출토된 환두대도와 덩이쇠의 성분을 금속학적으로 분석한 결과 이들 철기들은 초강 기술로 생산되었던 것으로 밝혀졌다. 또한 3~5세기대 철생산유적인 진천 석장리유적의 A-7호와 B-7호에 보이는 노(爐)들이 초강을 생산한 노였던 것으로 밝혀졌다.

한편 단조철의 제작은 철괴를 반용융상태로 달구어 망치로 두둘겨 철제품을 만드는 방법을 말한다. 이때 필요한 작업도구는 집게, 망치, 모루, 끌, 숫돌 등이다. 백제지역에서는 무안 사창리에서 길이 25.3cm의 집게와 망치를 비롯한 대장공구가 출토되고, 부여 능산리에서는 철제 모루가 나왔다.

백제의 철기는 무기류, 마구류 및 농공 토목용구가 대부분이다. 공격용 무기로는 환두대도·쇠살촉·투겁창·가지창 등이 있다. 또 방어용 무기로는 갑옷과 투구가 출토되었다.[123] 환두대도는 금이나 은으로 특별한 장식을 한 위신재(威信財) 성격의 칼이다. 무령왕릉과 나주 신촌리 9호분 을관(乙棺)에서 출토된 단룡(單龍) 환두대도, 천안 용원리 석곽묘에서 출토된 봉황문환두대도, 천안 화성리 고분 A-1호 출토 철지은상감당초문환두대도, 전청주 신봉동 출토의 철지은상감환두대도, 공주 수촌리 1호 토광목곽묘 출토 은장환두대도 등을 들 수 있다. 무령왕

전청주 신봉동 출토 금은상감소환두대도(청주대학교 박물관)

룽의 것은 칼자루 끝의 고리 안에는 입에
여의주를 문 용머리를 장식하였다. 이와 더불어 칼자루의 손잡이에는
금줄을 감고 그 양쪽에는 구갑(龜甲) 봉황문을 돋운 금구를 끼웠다. 이
러한 칼들은 백제가 지방을 어떠한 방식으로 지배해 나갔는가를 시사
해 주는 위신재(Prestige Goods)에 해당한다. 위신재는 제한된 양만
이 공급되는 희귀품으로서 중앙세력이 지방세력을 통제하는 수단으로
기능하는 정치적 의미를 담고 있다. 백제 왕실에서는 지방의 유력한 재
지세력들에게 이 같은 위신재를 나누어줌으로써 독립적인 지방세력을
왕권 통제하에 결집시키거나 또는 통제하는 수단으로 이용한 것으로
알려졌다.[124] 사여품의 대상으로는 환두대도 뿐 아니라 중국 청자 · 초
두 · 이식(耳飾) · 등자 · 신발 등도 있었다.

갑옷은 넓은 철판을 결합하여 만든 판갑옷과 작은 철판을 가죽끈으로
이어 꿰매거나, 천에 덧붙여 만든 비늘갑옷[札甲]으로 구분된다. 서울
몽촌토성 85-4호 저장공에서 출토된 골제 찰갑(전체 너비 43cm), 청주

신봉동 토광묘에서 출토된 삼각판 정결판갑(釘結板甲) 등이 대표적이다.[125] 특히 백제가 중국에 명광개(明光鎧)와 도금한 갑옷 그리고 무늬새긴 도끼[彫斧] 등의 무기류를 보낸 적이 있다. 그 가운데 명광개는 갑옷에다 황색 칠을 한 쇠 갑옷으로 백제의 주요 특산품이었다.[126]

농공 토목용구로서는 도끼·끌·낫·쇠스랑 등이 있다. 도끼의 경우 주조로 된 것보다는 단조로 된 도끼류가 주류를 이룬다. 특히 일본이 소장한 칠지도는 4세기 후반 초강(炒鋼)으로 추정되는 연강(軟鋼)을 수십 차례 반복하여 달금질하여 단조한 백련강(百練鋼)의 철로 제작되었다. 당시 백제의 제철기술의 수준을 보여주는 도검이다. 3세기 중엽의 천안 신풍리 주구토광묘에서 출토된 철제 낫과 창의 날조직을 분석한 결과 초강으로 제작된 것임이 드러났다. 그리고 3~5세기의 진천 석장리유적의 A-7호와 B-7호는 사강로로 추정된다. 따라서 백제는 3세기 중엽에 이미 철소재와 무기의 대량 생산이 가능한 초강기술을 확보하여 농기구와 무기를 제작한 것으로 추정된다.

한편 금·은을 소재로 하여 금속의 전연성(展延性)이나 가열 용해성을 이용한 금속 공예기술도 발달하였다.[127] 장신구류·생활용품·불구류(佛具類)·장신구 등의 부문에서 백제의 세련된 금속가공 기술의 수준을 살펴볼 수 있다. 무령왕릉에서 나온 금제 관식·귀걸이·팔찌·반지·은제 잔과 잔탁 등이 웅진시대의 금속공예 기술수준을 보여주는 대표적인 것인데, 화려하고도 세련된 조형감각을 나타내고 있다. 백제의 관모와 관식으로는 무령왕릉에서 나온 왕과 왕비의 것 그리고 나주 신촌리 9호분 을관,[128] 익산의 익점리(笠店里) 1호분에서 출토된 금동제 관모,[129] 천안 용원리 9호 석곽묘, 공주 수촌리 1호 토광목곽묘와 4호 횡혈식석실분, 서산 부장리 5호 분구묘 등에서 나온 금동관이 있다. 특히 서울 몽촌토성에서 출토된 금동과대금구(金銅銙帶金具)는 중국 호북성 한양현 웅가령(熊家嶺)의 동진묘에서 출토된 것과 같은 것으로 확인되어[130] 당시 백제와 남조 간의 문물 교류가 엿보인다.

그밖에 불교문화와 관련한 뛰어난 금속 공예품이 많이 제작되었는데, 부여 금성산(錦城山) 폐사지 출토의 청동탑편,[131] 부여 서복사지(西腹寺址) 출토의 청동 육각잔, 금동제 허리띠 장식 등을 꼽을 수 있다. 특히 부여 능산리(陵山里) 절터에서 발굴한 백제대향로는 백제의 금속공예 기술수준을 보여주는 대표적인 걸작품으로 평가되고 있다.[132] 이 향로는 중국의 박산로를 모태로 하였으나 그 크기와 더불어 조형성 및 회화적인 구도는 오히려 박산로를 뛰어 넘는 탁월한 예술적 감각과 독창성이 함축되었다. 사상적으로도 불교와 신선사상이 무르익은 백제 공예품의 진수라 할 수 있다. 최근 이 지역에서 발굴된 〈창왕명석조사리감〉의 명문을 통해 위덕왕 13년(567)에 왕의 누이동생이 발원해 만든 것임이 밝혀졌다.

이러한 금속 공예품을 만드는 데에는 타출법(打出法)·압출법(押出法)·누금(鏤金) 세공기술·상감기술·아말감에 의한 도금법 등의 금속 공예 기술이 적용되었다. 그 가운데 아말감 도금법은 금속 표면에 수은을 바른 다음 거기에 금박을 붙이고 수은을 증발시키는 공정을 여러 번

반복하여 밀착시키는 방법으로서 백제 금속공예 기술의 뛰어난 수준을 보여주고 있다.[133] 그리고 무령왕릉에서 출토된 금제 뒤꽂이는[134] 금속판을 안팎에서 끌[鎚]로 쳐서 무늬를 부조(浮彫)로 아로새긴 기술을 말하는 타출법으로 제작된 것이라고 한다.

(2) 직조 기술의 발전

백제의 수공업 가운데 금속가공 수공업 못지않게 발달한 부문이 직조 수공업이다. 마한 때부터 면포 등의 직물 수공업이 발달하였고, 국가의 지배체제가 정비된 이후에는 민간 자체의 광범위한 수요와 공물 납부의 필요성이 제기되었다. 그리고 지배층의 입장에서는 사여품이나 사치적 욕구 및 대외교역에서 필요하게 되어 관영 수공업을 통해 다양한 종류의 직물을 생산하였다. 백제의 색복제가 자색(紫色), 비색(緋色), 청색(靑色)의 3색으로 구분된 점이나,[135] 『주서』 백제전에 나오는 지배층의 복식과 조세에 관한 기사를 통해 백제에서는 다양한 종류의 직물이 생산되었음을 알 수 있다.

백제는 신라처럼 다양한 생산 공정별 분업형태로 직물을 생산하지는 못하였던 것 같다. 이는 6세기 무렵 백제의 공물세인 조(調)의 품목이 직물인 비단[絹], 삼베[布]와 그 원료에 해당하는 비단실[絲]과 마로 국한되었던 점에서 드러난다. 대중국 교역품이 주로 명광개·철갑 등 무기류였던 점도 참고된다. 여기서 견(絹)과 사(絲)는 마한 이래 백제지역에서 널리 생산되었고, 후대인 15세기에도 마와 함께 뽕도 널리 재배되었음이 『세종실록지리지』를 통해 확인된다. 견직물은 제사·직조·염색 등의 생산공정이 뒤따르는데, 여기에 여러 생산기법이 응용되었다. 사서에 확인되는 견직에는 금(錦)·능(綾)·라(羅)·사(紗)·견(絹) 등 여러 종류가 보인다. 백제에는 관련 사료가 없어 그 구체적인 실상은 알 수 없지만, 『일본서기』에 보이는 아야하토리[漢織]와 구레하토리[吳織]가 백제계 직조공에 의해 생산되었다고 전한다.[136] 이는 백제의 견직 기술의 수준을 가늠해 준다.

삼베는 농민들의 직물원료이다. 그 원료에 따라 마포·갈포·저포 등으로 구별된다. 포는 조(調)의 징수 품목이었을 뿐 아니라 7세기 후반 신라에서는 통화수단으로도 중요한 기능을 하였다.[137] 모시인 저포(苧布)는 충남 한산을 비롯하여 부여·청양·서천 등 옛 백제지역에서 생산되었다. 〈광개토왕릉비문〉에서 백제 아신왕이 고구려에 항복한 대가로 공납했다는 천여 필의 세포(細布)는 바로 모시를 지칭하는데, 이를 통해 백제는 세포를 만드는 수공업이 크게 발달했음을 알 수 있다. 직물산업이 보다 발전했던 신라에서는 7세기 무렵에 이미 20승포(升布)를 비롯하여 30승포, 40승포 등 다양한 종류의 섬세한 세포를 생산하기도 하였다.[138]

(3) 요업 기술의 발전

백제는 토기·기와·막새·벽돌을 굽는 요업기술이 발달하였다. 그 가운데 백제토기는 기종이 약 40여 종에 이를 정도로 다양한 편이다.

백제의 토기제작 기술은 청동기시대의 민무늬토기나 원삼국시대의 회색토기 등을 만드는 전통적인 제작방법을 바탕으로 새로이 낙랑과 고구려를 비롯하여 중국의 것도 받아들여 만들었다. 백제토기는 제작기술적인 측면에서 볼 때 그릇의 표면을 두드려 그릇벽을 만드는 타날문수법(打捺文手法)으로 만든 후 환원 소성으로 제작하였다. 이러한 타날문토기는 신라와 가야의 토기제작과 궤를 같이 하는 것인데 중국의 도기 제작기술에 연원을 두고 있다. 백제는 3세기 중엽부터 종래 회백색 기와질 토기에서 점차 높은 온도에서 환원염으로 구운 석기질(Stone ware)의 도기로 변화되면서 대량 생산체제로 다양한 기종이 만들게 되었다. 그밖에 백제토기에는 낮은 온도에서 산화로 구운 적갈색 연질토기가 있다. 이들 토기는 시루, 솥, 조리기 등 취사용에 한해서 사용되었다. 이러한 적갈색 연질토기에는 많은 모래알갱이가 들어가 있다. 이는 토기에 가해지는 열충격을 완화해 주는 역할을 했던 것으로 이해된다. 그리고 토기 표면에 검은색을 입혀 곱게 갈은 흑색마연토기들이 제작되었는데, 중국 남조의 영향을 받은 것으로 보인다. 따라서 백제토기는 토기질을 기준으로 대략 회청색경질토기, 회색연질토기, 적갈색연질토기, 그리고 흑색마연토기의 4개 유형으로 분류된다.[139]

　백제토기의 기종은 다양하지만, 세 발 달린 토기[三足器]와 납작바닥 토기[盞杯], 특이한 형태의 그릇받침[器臺], 직구단경호, 광구장경호, 고배, 병형토기 등이 백제 특유의 기형으로 꼽힌다. 그 중 세 발 달린 토기는 백제토기에만 존재하는 양식으로 3세기 중후반에 출현하는데,

중국 진대의 삼족반(三足盤)에 영향을 받은 것으로 보인다. 직구단경호
는 적갈색연질의 심발형토기와 공반하여 무덤에서 부장품으로 나온다.
고배는 신라와 가야에 비해 거의 아무런 장식이 없는 짧은 굽다리가 달
렸으나, 5세기 중엽 이전에는 무덤에 부장한 예가 없는 특징을 가지고
있다. 그리고 백제는 주로 태토에 삿무늬[繩席文]를 시문하여 타날법으
로 태토의 밀도를 높이는 성형법을 채택한 점이 또한 특징이다.[140]

사비시대에 이르러 생활유적이 주로 확인되는 지역은 금강유역 일대
이다.[141] 부여의 추정왕궁터, 관청건물터, 절터 등에서 주로 지배층과
관련한 유물들이 출토되었다. 이들 유적에서 나온 토기의 기종은 광범
위하고, 공반 유물도 풍부한 편이다. 출토되는 기종을 보면, 항아리
[壺]·자배기·원통형토기·완·전달린토기·병·접시·기대·배
(杯)·삼족토기·등잔·연가(煙家)·호자(虎子)·벼루·고배 등 19개
기종에 이른다. 그 가운데 항아리는 크기에 따라 대[60cm]·중[60~20
cm]·소[20cm 이하]로 분류되는데, 대형과 소형의 것보다 중형의 비율
이 높은 편이다. 사비시대의 생활유적에서 가장 많이 수습되는 기종인
자배기는 다른 여러 유적에서도 고루 발견되고 있다. 그 소성도에 따라
서 경질과 와질로 구분된다.

웅진시대에 널리 사용된 기종은 배다. 배(杯)와 마찬가지로 사비시대
에 거의 소멸한 기종인 삼족토기는 소량만이 발견되고 있다. 호자[142]는
부여지방에서만 발견되는 특수 기종으로 그 형태에 따라 동물형과 주
기형으로 구분된다. 동물형은 부여 군수리·부소산·능산리사지에서

확인되었다. 반면 금강유역의 고분에서 부장용으로 출토되는 토기는 호·직구호·완·기대·심발형토기·병·삼족토기·배·자배기 등 11개 기종이 확인되었다. 고분에서 부장품으로 매납되었던 토기들은 매우 적은 양에 불과하다. 그리고 부여 인근의 서천·보령·논산 등에 위치한 고분에서는 소형토기가 주로 매납되는 지역적인 현상이 보인다.

영산강유역 생활유적에서 출토되는 토기의 양상은 금강유역과는 달리 빈약한 편이지만 고분에서는 금강유역보다 양적으로 풍부한 부장품이 나온다. 생활유적의 기종은 호·직구호·자배기·완·심발형토기·배·뚜껑 등 7개 기종이 확인되고 있지만, 고분의 부장용 토기로는 부장용외반호·직구호·병·배·고배·뚜껑 등 8개 기종에 달한다.

사비시대의 토기 제작기법은 기본 단계에서 성형을 할 때 녹로를 회전하는 방법을 썼는데, 대형의 것은 쌓아올리는 기법인 윤적법(輪積法)이 적용되었다. 또 소형품은 손으로 빗는 수날법과 말아올리는 기법인 권상법(捲上法)을 사용하였다. 예컨대 사비시대의 대형과 중형토기는 윤적법에 의해 만들어진 것이다. 소형토기는 수날법과 권상법을 써서 만들었다. 사비시대에 이르러 새로 적용되었던 토기제작 기법은 구절기법(球切技法)이다. 이는 기본적으로 성형을 할 때 녹노를 사용하지만, 투각기법의 하나인 구절기법을 사용했던 것이다. 즉 실끈을 이용하여 토기바닥을 잘라내는 기법이 적용되었는데, 종래 예새와 같은 도구를 이용하여 토기바닥을 잘라낸 기법에서 진일보한 것이다. 이 기법은 중국 한대 토기에서 나타나는 전통 기법으로 낙랑토기에도 적용되었다.

부여 지선리 5호분에서 출토된 병에는 실끈으로 바닥을 짤라내는 구절 기법이 적용된 예라 할 수 있다. 이처럼 회색토기 제작에 구절기법(球切技法)이라는 특수한 제작기법을 적용한 점은 토기의 규격화는 물론 대량 생산을 통한 토기산업의 분업화를 부추긴 것으로 이해된다. 이러한 제작기법으로 만든 회색토기는 율령에 의한 규격화된 토기로서 사비도읍기의 최고 품격을 보여주었다.

그밖에 사비시대에 이르러 토기제작에 나타난 특징적인 현상은 흑색와기와 칠(漆)토기 그리고 회색토기였다. 이 토기들은 국가의 철저한 품질 관리를 통해 규격화된 제품을 생산한 것으로 당시 최고급에 속하였다. 대부분 왕도인 사비지역 일대에서만 확인되는데 국가시설물에 한정해서 공급 사용한데서 그 이유를 찾을 수 있다.

흑색와기(黑色瓦器)는 부여 관북리 추정왕궁터에서 출토된 토기로서 태토와 경도의 차이에서 나온 이름이다. 이 토기는 태토에 정선된 양질의 점토를 써서 녹로에 의한 고도의 기술로 성형하였다. 그리고 소성할 때 표면에 흡수되는 물을 방지할 목적으로 흑색의 탄소막을 흡착시켰다. 이와 더불어 토기를 두드렸을 때 경질토기와는 다르게 투박한 소리가 났고, 와기의 표면이 다른 연질토기처럼 손에 잘 묻어나지 않는다. 이 토기는 종래 백제토기의 새로운 기술 변화를 뜻하는 동시에 토기문화에 대한 새로운 전기를 마련한 것으로 볼 수 있다. 그 기종은 연가·파수부호·완·병·등잔·기대·자배기 등이다. 이들 토기의 발견 지역은 부여의 추정왕궁터, 왕실 사원, 원지 등 사비도성 내에서 출토되

는 것으로 보아 왕도에 거주하는 귀족층이 사용한 고급토기로 짐작된
다. 이 토기는 회색토기의 등장으로 사용 빈도가 점차 줄어들어 소멸되
고 말았다.

칠토기는 사비시대의 특징적인 토기 중 하나다. 이는 흑색기와가 지
닌 미비함을 보충하고 목기나 중국제 동기의 제작 기법을 원용하여 만
든 것으로 이해된다. 칠토기는 완, 전달린토기, 등잔 등이 있다. 이 토
기는 부여 궁남지와 능산리사지와 같은 부여의 도성 인근지역에서만
확인되었다. 그 중 부여 궁남지에서 발견된 칠토기는 중국의 동제품을
모방한 것으로 알려졌다. 칠토기는 완류가 가장 많은데 사비시대의 최
고급의 토기로 간주된다.

회색토기는 고분의 부장품보다도 생활유적에서 많이 발견되었다. 태
토에 모래가 거의 섞이지 않고, 여 고도의 기술을 기울여 만든 규격화된
토기이다. 왕도지역인 부여 관북리의 추정왕궁터·왕포리·쌍북리·
신암리 등에서 발견되었고, 영산강유역인 나주 복암리고분군에서도 출
토되고 있다. 완· 전달린토기·접시·기대·병·뚜껑 등을 만들어 사
용하였다. 이러한 사비시대의 특징적인 토기는 신분이나 용도에 따라
그에 걸맞게 규격화가 이루어졌을 가능성이 높다.

백제에서는 좋은 공예품인 전돌도 생산하였다. 전돌은 주로 벽돌무덤
[塼築墳]과 사원 건축에 이용되었다. 그 종류나 형태는 여러 가지이다.
무덤에 쓰는 전돌은 공주의 무령왕릉과 송산리 6호분 출토품이 대표적
유물이다. 이곳에서 나온 '梁官瓦爲師矣'란 글자가 새긴 전돌은 웅진시

대 백제의 와전(瓦塼)문화가 중국 양나라로부터 크게 영향을 받았음을 단적으로 보여준다. 백제는 이렇게 전수받은 선진요업기술을 더욱 발전시켜 부여 정동리 가마터에서 발견된 연꽃무늬 막새와 문구가 새겨져 있는 전돌처럼 보다 세련된 와전문화로 한 단계 향상시킬 수 있게 되었다. 특히 부여 외리(外里)에서 나온 산경무늬 · 귀형무늬 · 봉황무늬 등 8매의 전돌은 조각수법이 매우 세련되고, 또 의장이 화려하였다. 이들은 단편적인 공예품에 불과하지만, 7세기 무렵 백제의 회화 수준이나 건축, 나아가 종교와 사상적 측면까지도 엿보이는 귀중한 자료로 평가되고 있다.

또한 토기 · 기와 등을 굽는 가마터 유구에서는 백제의 발전된 요업기술 수준을 살펴 볼 수 있다. 백제의 가마터는 충북 진천군 삼룡리와 산수리, 부여 정암리(亭岩里), 전북 익산 신용리, 전북 고창군 운곡리 등지에서 조사되었다. 그 가운데 진천 삼룡리와[143] 산수리 토기 가마터는 원삼국시대의 전통을 가진 타날문토기가 4세기에 들어와 백제토기로서의 지역적 특색을 뚜렷이 갖춘 유적으로서 주목된다. 이 요지들의 기본 구조는 연소실과 토기를 구워내는 소성실로 구성되었다. 긴 타원형 평면의 소성실과 함께 아궁이의 바로 아래가 수직식 연소실이 설치된 특이한 구조를 하고 있다. 이러한 토기 가마터는 중국 산서성에서 발견된 전국시대 회도 가마터에서도 확인되어 한반도 원삼국시대의 타날문토기가 이 지역 영향을 받아 성립되었을 것으로 보고 있다. 그리고 부여 정암리 가마터는[144] 구릉 경사면의 암반에 터널식으로 만든 굴가마로서

평요와 등요가 공존한다. 평요는 두 가마가 한 조로 이루어졌는데, 여기서 연꽃무늬 수막새·상자형 전돌·치미·기와·벼루·완형토기 등이 발견되었다. 특히 연꽃무늬 수막새는 부여 군수리 절터와 동남리 절터 등에서 발견된 것과 같은 것임으로 밝혀졌다. 그래서 이 가마에서 구워낸 이곳에서 기와와 전돌들이 만들어져 사비지역에 공급되었다는 사실을 알게 되었다.[145]

이러한 기와나 전돌 토기 등은 '와박사(瓦博士)'나 '조사공(造寺工)' 등으로 호칭하는 전문 장인들이 만들었다. 공주와 부여지역에서 같은 형태의 기와나 전돌들이 나오는 까닭은 백제 말기에 이르러 그 기술체계가 국가적인 차원하에서 관리되어 점차 규격화되는 가운데 공급되었음을 반영한 것으로 이해할 수 있다.

3. 대외교역과 상업의 발달

3세기 무렵은 삼한 소국 간이나 한군현 및 왜를 연결하는 교역이 활발히 이루어진 시기였다. 그 가운데 삼한의 대외교역에 있어서 큰 비중을 차지한 나라는 중국 및 한군현이었다. 이는 당시 철기의 광범위한 보급으로 원료의 수요와 지배층의 권위를 과시해 줄 수 있는 위신재의 수요가 증가하는 데에 따라 야기된 현상이었다. 한군현은 관작과 관복을 미끼로 삼한 소국의 수장층들을 회유하는 가운데 조공무역을 적극 활용해 왔다.[146] 반면 소국의 수장층들은 철과 베 따위의 토산품을 한군현에 수출하는 대신 그들의 권위를 상징하는 관작과 관복 및 동경, 환두대도 등 위신재를 얻고자 하였다. 이러한 삼한의 조공무역체제는 3세기 중반에 이르러 큰 변화를 맞게 되었다. 이제 삼한의 한군현에 대한 대외교역 활동은 종래 낙랑군에서 대방군으로 옮겨갔으며, 삼한은 특히 246년 대방군의 기리영(崎離營) 전투 사건을 계기로 목지국을 대신하여 백제국이 마한의 맹주국으로 대두하였다. 이러한 정치적 변화 속에서 군현에서 유입되는 중국산 교역품은 크게 줄어들었고 중국 군현의 조공 무역도 쇠퇴해가고 있었다.

그러나 3세기 후반에 이르면 삼한의 재지세력들은 중국 본토인 서진과 직접적인 조공무역에 나선 것이다. 277년 마한이 서진(西晉)에 사신을 보낸 일을 필두로 해서 여러 차례 서진과 대외교섭을 벌린 것이다. 이는 삼한이 대방군을 통한 간접적인 교역활동에 만족하지 않고 서진과의 원거리 국제교역을 통해 직접 대중교역에 참여하고 있었음을 뜻한다. 원거리 대외교역은 원거리 항해술이나 물류 유통관리체계의 정비 등과 같은 기술과 조직이 필요한 만큼 일정한 구심점을 축으로 하는 대규모의 조직적인 교역체계를 전제로 하는 것이었다.[147] 한강유역의 경우 중심세력으로 대두한 백제국과 영산강유역의 신미국(新彌國) 등이 마한지역의 대외교섭을 주도한 대표적인 정치집단으로 보인다. 『진서(晉書)』에 의하면 282년에는 신미국을 포함한 삼한 29개국이 서진과 교섭을 벌린 바 있고, 또 289년에는 동이에서 멀리 격절하게 떨어져 있는 [絶遠] 30여 국과 교섭을 벌린 사실이 기록되어 있다. 『진서』 권 36 장화(張華)전에 의하면 신미국 등 20여 국이 서진과 통교한 것으로 기록된 것으로 보아 282년 서진과의 교섭에는 영산강유역의 국읍세력이 대거 포함된 것으로 보이며, 289년에는 '절원(絶遠)'이란 표현으로 보아 왜국이 포함되어 있을 가능성이 있다. 결국 3세기 후반에는 마한지역과 서진과의 대외교섭에는 마한(백제)-신미국 등-(변한)-왜로 이어지는 해상교역망이 형성된 것으로 여겨진다.[148]

이러한 서진과의 대외교섭은 동이교위(東夷校尉)를 매개로 하여 이루어진 것으로 볼 수 있다. 서진은 274년에 유주(幽州)를 분할하여 평주(平州)를 설치하고 이곳에 동이교위를 두어 동방 정책을 담당케 하였던 것이다. 이를 입증해 주는 고고학적 증거로는 흑색마연토기·직구단경호·직구장경호와 같은 요령지방의 토기 문화와 관련된 자료들을 들 수 있다.[149] 당시 삼한소국은 한군현을 왕래하면서 교역에 나선 하호(下戶)로 지칭되는 계층이 있었고,[150] 또한 진한의 우거수 염사치(廉斯鑡)와 같은 수장층은 한군현을 동경한 나머지 한어를 익힌 다음에 주민들을 이끌고 한군현에 귀부하기는 일도 일어났다.

당시 교역활동에는 철의 중간 소재인 덩이쇠[鐵鋌]와 중국 화폐인 오수전(五銖錢)·화천(貨泉) 등이[151] 결제수단으로 사용된 듯하다. 고고학적으로 대전 구성동, 서산 명지리 토광묘, 서천 오석리 등에서 덩이쇠와 철부가 출토된 바 있다. 그리고 서울 석촌동 3호분 동쪽 고분군에 포함된 즙석 봉토분에서는 목제 노(櫓)가 발견되었다.[152] 즙석 봉토분은 3세기 중반에서 4세기 초로 편년되는데, 피장자는 해상활동과 관련한 상위 신분층으로 이해되고 있다. 중국 군현이나 서진과의 대외교역을 알려주는 고고학 자료는 서울 석촌동 인근의 대형 토광 목관묘에서 나온 칠기와[153] 서울 풍납토성·몽촌토성, 홍성 신금성 등에서 나온 서진대(西晉代)의 유약을 바른도기[施釉陶器]와 전문도기(錢文陶器)[154]를 들 수 있다. 그리고 중국 화폐인 오수전(五銖錢)이나 화천(貨泉) 등은 당시 중국 상인과의 교역활동의 실상을 보여주는 자료이다. 지금까지 발견된 중국 화폐는 제주 산지항, 해남 군곡리패총, 마산 성산패총, 의창 다호리, 김해 회현리패총 등이다. 이들 지역은 서남해안을 잇는 해로 교통상의 요지에 위치하였다. 이 해상루트를 통해 삼한의 수장층과 중국 상인 간의 교역활동이 활발하게 전개되었음을 보여주고 있다.

그런데 4세기에 들어와서 백제의 대외교섭은 한반도의 정세 변화와 함께 또다른 변화상이 나타난다. 즉 313년에 한군현이었던 낙랑군과 대방군이 차례로 소멸되고 특히 4세기 후반 근초고왕대부터 백제가 주변의 여러 나라들과 다양한 교섭을 전개하고 나선 것이다. 366년과 368년 두 차례에 걸쳐 단편적이지만 신라와 교섭을 벌였고, 이어 364년에 가야와, 367년에 각각 왜와 통교를 한 사실이 참고된다. 이는 백제가 고구려와의 전쟁에 대비하여 후방세력을 안정시키려는 정치적인 목적 이외에 낙랑·대방군의 소멸로 한동안 중단되었던 백제-서남해안-남해안-왜로 이어지는 교역망을 다시 복원하려는 의도에서였다.[155] 이러한 교역망은 이후 단지 경제적인 목적하에서만 운영된 것은 아니고 고구려-신라로 이어지는 동맹 관계에 대항하기 위한 정치·군사적인 시스

템으로 작용하였다. 〈광개토왕릉비문〉에 나타나듯이 4세기 말부터는 고구려의 남진을 저지하기 위한 외교 전략으로 백제 중심의 가야–왜를 연결하는 동맹체제가 유지되었으나, 나제동맹체제로 전환하는 5세기 전반경부터는 백제 중심의 교역망이 변화를 맞게 되었다. 즉 신라와 왜의 성장 등으로 인하여 다원적인 국제질서가 형성됨에 따라 백제는 신라를 고구려 동맹세력에서 이탈시켜 중국 남조국가인 송나라나 이에 직접 교섭을 벌리는 왜보다도 정치적 군사적 비중을 높여나가는 외교 책을 추구해 나갔다.

이에 앞서 백제가 중국 남조의 동진과 통교하게 된 시기는 372년이었다. 백제가 백제라는 나라 이름으로 중국 왕조와 공식적으로 통교한 최초의 일이다. 369년 고구려와 평양성 전투에서 고국원왕을 패사시킬 정도로 큰 전과를 올림으로서 백제의 국제적 위상이 종전과는 달라진 데에 말미암은 것이다. 이때 백제 근초고왕이 동진으로부터 받은 관작은 영낙랑태수(領樂浪太守)였다. 그 후 백제와 동진간의 외교교섭은 동아시아 국제 정세라는 큰 틀 속에서 의례적인 관계로 지속된 듯하다. 이 시기의 백제와 동진과의 관계는 정치적인 측면보다는 문화적 측면에서의 교역이 보다 활성화된 것 같다. 동진제 청자류가 백제권 지역에서 집중 출토되고 있는데 주변의 다른 나라에서 찾아볼 수 없는 특이한 현상으로 이해된다.[156] 서울 풍납토성·몽촌토성·석촌동고분, 포천 자작리, 원주 법천리, 천안 화성리·용원리, 공주 수촌리, 서산 부장리, 부안 죽막동, 익산 입점리 등에서 출토된 동진제 청동 초두와 자기류가 이를 입증해 준다.

백제가 고구려에게 한성을 빼앗기고 웅진으로 천도한 이후에는 중국 남조의 육조문화가 양국 간의 대외교섭을 통해 대거 수용되는 현상이 나타난다. 백제는 남조 일변도의 대외교섭을 통해 전개해 왔지만 정치적·군사적으로 큰 역할을 하지 못한 것으로 드러났다. 475년 고구려의 대대적인 한성 침공이 있기 전에 고구려의 남진 압력을 외교적 억지력으로 해결하려는 백제의 의도와는 달리 남조 송의 역할이 크게 수행되지 못한 것이다. 472년 백제가 이례적으로 북조국가인 북위에 청병을 요청하여 고구려를 응징해 줄 것으로 요청한 사례가 참고된다. 이러한 백제의 송에 대한 정치적·군사적 기대와는 달리 백제 지배층에서는 육조 문화에 경도되는 현상이 나타났다. 유력한 귀족세력이 대두한 백제는 세련된 귀족사회가 발달한 중국 남조사회와 서로 선호하는 취향이 같았기 때문인 것 같다. 아울러 중앙의 왕실 뿐 아니라 귀족과 지방의 재지세력들에게 세련된 중국 문화에 대한 선호 현상이 확산되면서 대외교섭권을 장악한 중앙세력이 지방의 재지세력들을 통제하는 수단으로 이러한 남조문물들을 사용하기도 하였다. 예컨대 무령왕릉과 송산리 6호분은 벽돌로 쌓은 전축분으로 중국 남조에서 기원한 묘제이다. 묘의 입지 조건, 구조, 머리 방향, 풍수설에 입각한 상장제(喪葬制), 묘지·매지권의 내용과 형식면에서 남조에 깊이 영향을 받은 것으로 알려지고 있다.[157] 무령왕릉의 전돌은 양나라에서 온 기술자에 의해 만들어졌음이 그 명문을 통해 확인된다. 그뿐 아니라 무령왕릉에 부장되어 있는 자기류와 중국 화폐인 오수전 등이 모두 양나라로부터 수입된 같은 시기의 물품들이라고 한다. 이처럼 무령왕릉을 통해 볼 때 백제 지배층은 단순히 양나라의 물품만 수입한 것이 아니라 이에 내재된 관념과 사상까지 전폭적으로 수용하는 일면을 보여주고 있다.

6세기 사비시대에 들어와서 백제의 대중교섭은 남조국가인 양과 진나라 뿐 아니라 북조국가와도 종래와 같은 문물 교류와 인적 교류를 적극적으로 전개하는 양상이 나타난다. 541년에는 백제 성왕이 양에 사신을 보내 경의(經義) 및 기술자, 화공과 함께 모시박사(毛詩博士)를 요청한 일이 있다. 『진서(陳書)』에 의하면 백제가 강례박사(講禮博士)를 요청하여 육후(陸詡)가 백제에 건너온 것으로 되어 있다. 육후는 어려서 최영은(崔靈恩)에게 삼례의종(三禮義宗)을 배워 당시 예학에 정통한 인물로 알려졌다. 그리고 사비도성의 구조가 중국 남경의 육조 도성인 건강도성을 모델로 하였다는 견해도 참고된다.[158]

사비시대에는 남조계의 월주요 청자 뿐 아니라 북조계의 도자기가 유입되고 있는 점이 특징이다. 부소산성에서 출토된 흑유관(黑釉罐)은 북제 때의 최앙(崔昻)묘의 출토품과 관련이 있으며, 부여 능사와 익산 왕궁리에서 출토된 청자첩화문병(靑磁貼花文瓶)은 중국 화북성 봉자회(封子繪)묘에서 출토한 것과 관련 있는 것으로 알려지고 있다. 그리고 부여 정림사지에서 출토된 도용에 표현된 농관(籠冠)은 북위 영령사지(永寧寺址)에서 출토된 도용과 아주 흡사하다. 이러한 백제의 북조국가와의 교섭은 위덕왕대 이후부터 전개된 남북조와의 등거리 외교에서 연유한 산물로 이해된다.

한편 백제는 농업 생산력 발달에 힘을 입어 교환과 교역을 촉진시켰고, 상업과 수공업도 연쇄적 발전을 보게 되었다. 더구나 국가 통치조직이 정비되면서 교통의 요지인 왕도나 지방의 거점 도시에는 교역장소로서 시장이 개설되었음이 쉽게 짐작된다. 6세기 무렵 사비시대에 들어와서 왕도는 부(部)와 항(巷)으로, 지방은 방(方)·군(郡)·성(城)으로 편성됨에 따라 지역의 거점 도시를 중심으로 교역장소가 마련되었을 것으로 보인다. 부소산 남쪽 왕궁터 발굴조사에서 동서와 남북방향으로 직각을 이루고 교차되는 지점에 도로유적이 발굴된 바 있다.[159] 동서로 지나는 도로의 너비는 약 4m이고 남북도로의 너비는 10.7m로서 그 좌우 양편에는 너비 75㎝의 하수도 시설이 조사되었다. 그리고 궁남지에서 출토된 목간에 나오는 '서부(西部)', '중부(中部)', '후항(後巷)'이라는 기록에서 왕도의 행정구역의 면모를 읽을 수 있다.

위의 사실을 빌려 사비성은 일정한 도시계획에 의해 왕도로서의 면모를 갖추었음이 밝혀졌다. 구획된 왕도에 중국식 도성시설이 참작되었던 점을 감안해 보면, 경주의 동시·서시·남시와 같은 시장도 개설되었을 개연성이 높다. 사비성의 도시계획은 물론 시장과 교역에 관한 업무는 22부 가운데 도시부(都市部)에서 관장하였다.

상인 계층 가운데는 압록강을 끼고 소금을 전매했던 고구려의 동촌인 재모(再牟)와[160] 신라의 광덕(廣德)과 같은 전업 상인과 함께 일반 농민들도 끼어 있었다. 잇따른 전쟁과 자연재해에 따라 유망하는 농민들 가운데는 상업에 종사하여 생계를 유지하는 자도 생겨난 것이다. 이들 가운데 행상이 되어 여러 지역을 떠돌아 다닌 장사치가 존재했을 가능성은 백제의 시가로 전해오는 〈정읍사〉가 이를 뒷받침해 준다. 그리고 당시 농업과 직물산업의 발달에 힘입어 베와 쌀 같은 곡식은 주요한 실물화폐의 수단으로 널리 통용되었다. 이는 당시 공물세인 조(調)의 수취품목이 되었고, 7세기 후반 신라의 왕도에서 교환수단으로 널리 활용되었던 점도 참고가 될 것이다.

또한 백제는 중국의 남조 및 왜와 활발한 교역을 전개하였다. 중국에 대한 수출품은 주로 해물 · 금포(錦布) · 과하마 이외에 황금 칠을 한 갑옷인 명광개(明光鎧)와 금을 도금한 갑옷인 금갑(金甲) 그리고 의장용 도끼인 조부(彫斧) 등 특수한 용도의 의장용 무기류가 특산물이었다. 반면 중국으로부터는 서적 · 약재를 비롯하여 도자기류 · 불구(佛具) · 금포(錦袍) · 채색비단[彩帛] · 자기류 · 청동초두 등 주로 지배층의 위세품이나 사치품이 수입되었다. 그리고 왜와의 교류에서는 박사 · 승려 · 직조공 · 야장공 · 약사 등의 인적 자원과 오색의 채색 비단[綵絹] · 화살인 각궁전(角弓箭) 및 덩이쇠[鐵] · 불상과 불구 · 불경 · 역본(曆本) · 복서(卜書) · 약물 등을 보냈다. 그리고 왜로부터는 양마(良馬) · 궁전(弓箭) · 보리 종자 · 비단[錦] · 비단실[絲] · 삼베 등을 수입하였다.

각주

백제의 토지제도

1. 백제의 토지제도에 관해서는 다음과 같은 연구가 있다.

   백남운, 『朝鮮社會經濟史』, 改造社, 1933, pp.223~226 ; 윤한택 옮김, 이성과 현실, 1989

   박시형, 『조선토지제도사』〈상〉, 과학백과사전출판사, 1960, pp.119~126 ; 신서원, 1994

   강진철, 「삼국시대의 토지제도」, 『한국문화사대계』 Ⅳ, 고대민족문화연구소, 1979, pp.1187~1194

2. 박시형은 사전(賜田)을 토지 자체를 분급하는 토전(土田)의 사여와 토지로부터의 조세수취권을 분급한 전조(田租)의 사여 두 가지로 구분하였다(앞의 책, p.50).

3. 백남운, 앞의 책(1933), p.224

4. 『삼국사기』 권 28, 백제본기 의자왕 2년 8월

5. 백제가 웅진으로 천도하였을 때 한성 이북지역의 민호가 새로 수리 된 대두산성(大豆山城)으로 대거 사민된 사례가 참고 된다(『삼국사 기』 백제본기 문주왕 2년 2월).

6. 『주서』 권 49, 열전 41, 이역 상, 백제

7. 『삼국사기』 권 28, 백제본기 의자왕 17년 춘정월

8. 유원재, 「백제 흑치씨의 흑치에 대한 검토」, 『백제문화』 28, 1999, pp.2~5

9. 노중국, 「백제의 식읍제에 대한 고찰」, 『경북사학』 23, 2000, pp.65 ~97

10. 앞의 책 권 43, 열전 3, 김유신 하

11. 앞의 책 권 44, 열전 4, 김인문

12. 『신증동국여지승람』 권 44, 강원도 강릉도호부, 인물, 김주원

13. 이경식, 「古代·中世의 食邑制의 構造와 展開」, 『孫寶基博士停年紀念 韓國史學論叢』, 지식산업사, 1988, p.140

14. 최병헌, 「신라하대 선종 9산파의 성립」, 『한국사연구』 7, 1972, p.106

15. 김용섭, 『韓國中世農業史研究』, 지식산업사, 2000, pp.3~54

16. 『삼국사기』, 고국천왕 12년 9월

17. 고구려는 유리왕대에 제수(祭須)에게 사전을 지급하였으며(『삼국사 기』 권 13, 고구려본기 유리왕 37년), 신라는 대가야 정벌에 큰 공 을 세운 사다함(斯多含)에게 토지와 포로를 지급한 사례(앞의 책 권

44, 열전 4, 사다함)가 있다.

18. 신라의 세조는 토지 자체를 지급한 것이 아니라 특정 군현의 조에 대한 권리를 수여한 것인데 백제의 한성조와 같은 성격의 것으로 보고 있다(안병우, 「6~7세기의 토지제도」, 『한국고대사논총』 4, 1992, pp.287~289).

19. 죽지랑(竹旨郎)의 고사에 나오는 능절조(能節租 : 『삼국유사』 권 2, 기이 2, 효소왕 죽지랑)는 부산성조(富山城租)의 일부 세곡미였던 점에 비추어 볼 때 세조로 분급되던 한성조도 각 지역의 토지에서 징수한 세곡미를 수합하여 한성의 창고에 보관된 곡물을 뜻하며, 그 용도는 국용(國用)과 공상(供上) 등의 재원으로 사용되었다. 이 조는 국가에서 징수하고 국가에서 해당자에게 분급한 것으로 이해된다(이경식, 앞의 글, p.158).

20. 한국고대사연구회, 『한국고대사연구』 3, 지식산업사, 1990

21. 『삼국사기』 권 45, 열전 5, 온달

22. 이희관, 「무령왕 매지권을 통하여 본 백제의 토지매매문제」, 『백제연구』 27, 1997, pp.67~78

23. 『삼국사기』 권 26, 백제본기 무령왕 10년 정월

24. 전덕재, 「4~6세기 농업생산력의 발달과 사회변동」, 『역사와 현실』 4, 역사비평사, 1990, 27~28·33쪽 ; 안병우, 앞의 글, p.278

25. 양기석, 「『삼국사기』 도미열전 소고」, 『이원순선생화갑기념논총』, 교학사, 1986, pp.10~15

26. 서울대학교 박물관, 『미사리』 제4권, 1994, pp.181~193

27. 김기흥, 「미사리 삼국시기 밭유구의 농업」, 『역사학보』 146, 1995, p.34

28. 『삼국사기』 권 23, 백제본기 다루왕 11년 10월

29. 『삼국유사』 권 5, 효선 9, 眞定師孝善雙美

30. 『삼국사기』 권 16, 고구려본기 고국천왕 12년 9월

백제의 조세제도

1. 『삼국사기』 권 24, 백제본기 고이왕 15년

2. 이 구절의 해석을 두고 여러 견해가 제시되어 있다. ① 민과 하호를 별개의 계층으로 보고 호민·민·하호의 3계층으로 이해하는 견해, ② 민과 하호를 동일한 계층으로 이해하여 호민·민의 2계층으로 보는 견해가 있다. 여기서는 후자의 설에 따라 민과 하호를 같은 계층으로 보았다. 다만 하호를 노예로 기술한 것은 부여의 대가와 호민층들이 하호를 가혹하게 착취하는 것으로 보는 중국인들의 인식이 반영된 것으로 이해된다.

3. 이러한 연등구분에 의한 수취는 조선 전기의 수취 기준인 연분구등법(年分九等法)의 연원이 되는 것으로 보고 있다(김기흥, 『삼국 통일

신라세제의 연구』, 역사비평사, 1991, p.75쪽).

4. '유인(遊人)'에 대하여 논자들 간에 다소 표현상의 차이는 있지만 대체로 ① 빈궁한 사람설(백남운, 『조선사회경제사』, 개조사, 1933, p.191 ; 강진철, 「한국토지제도사」〈상〉, 『한국문화사대계』, p.1186), ② 용민설(이기백·이기동, 『한국사강좌』 고대편, 일조각, 1986, p.241·242), ③ 이종족설(김기흥, 『삼국 및 통일신라 세제의 연구 ─사회변동과 관련하여─』, 역사비평사, 1991, pp.28~50) 등이 있다.

5. 김기흥, 앞의 글, pp.28~50

6. 『삼국사기』 백제본기 책계왕 즉위년에 정부(丁夫)가 역역에 동원되는 사례가 보이고 있다.

7. 앞의 책 권 23, 다루왕 3년 동 10월

8. 『삼국사기』 백제본기, 다루왕 6년(33) 2월에 논 개발 기사 참조

9. 보리농사에 관한 기사는 온조왕 28년 하 4월, 기루왕 14년 3월, 고이왕 13년 하, 동성왕 23년 3월로 모두 4회가 보이고, 콩에 관한 것은 기루왕 23년 8월로 1회만 보이고 있다.

10. 『삼국사기』 권 24, 백제본기 고이왕 9년 2월

11. 벼와 조는 보리에 비해 저장기간이 길어 군량미나 수세대상이 되었다(이현혜, 앞의 글, 1991, p.56). 한편 벼의 저장기간은 9년이고, 쌀은 3~5년, 기장은 3년 정도라고 한다(Francesca Bray, 『Science and civilization in China』, 1984, London, p.378).

12. 鑄方貞亮,「三國史記にあらわれた麥と麥作について」,『朝鮮學報』
    48, 1968, p.55

    佐藤敏也,「乾芝山城遺跡出土の炭火米粒」,『百濟研究』8, 1977,
    pp.129~141

13. 『일본서기』권 14,웅략 14년 춘정월 및 15년

14. 胡麻는 지마(芝麻·脂麻)로도 불리는데 참깨나 검은깨를 총칭한다.

15. 담로는 지방지배의 거점으로서 성·읍을 의미하는 동시에 일정한
    통치구역을 의미하기도 한다(노중국,『백제정치사연구』; 일조각,
    1988, p.241).

16. 『일본서기』권 11, 인덕기 41년 춘 3월

17. 양기석,「백제 성왕대의 정치개혁과 그 성격」,『한국고대사연구』4,
    1991, pp.75~103

18. 稻葉岩吉,『釋椋』, 大阪屋號書店, 1936, pp.11~12

19. 『수서』권 81, 열전 46, 동이, 백제 ;『翰苑』백제

20. "君者百姓之所瞻望也 宮室不壯麗 無以示威重"(『삼국사기』권 49, 열
    전 9, 倉助利)

    Karl A. Wittfogel,『Oriental Despotism』, Yale University
    Press, 1957, pp.30~41

21. 『삼국사기』권 27, 백제본기, 무왕 35년 3월

22. 앞의 책, 무령왕 10년 봄 정월

23. 尹武炳,「金堤 碧骨堤 發掘報告」,『百濟研究』7, 1976, p.77

24. 成洛俊, 「榮山江流域의 甕棺墓研究」, 『百濟文化』 15, 1983, p.48

25. 김기홍, 앞의 책, p.91

26. 노중국, 앞의 책, p.267

27. 목간 이면 2행의 6번째 글자는 '下'로 판독하였으나(최맹식·김용민, 「부여 궁남지내부 발굴조사개보−백제목간출토 의의와 성과−」, 『한국상고사학보』 20, 1995 및 박현숙, 「궁남지 출토 백제 목간과 왕도 5부제」, 『한국사연구』 92, 1996, pp.1~33), 목간 사진을 검토해 보면 '小'자일 가능성이 높다. '下'로 판독할 경우 백제의 호등제는 上·中·下의 3호등제이며, '小'로 판독할 경우 6등호제가 된다.

28. 『일본서기』 권 17, 계체기 3년, "遣使于百濟 括出在任那日本縣邑百濟百姓浮逃絕貫三四世者 並遷百濟附貫"

29. 『삼국사기』 권 23, 백제본기 온조왕 38년 3월

30. 김한규, 「남북조시대의 중국적 세계질서와 고대 한국의 막부제」, 『한국고대의 국가와 사회』, 역사학회, 1985, p.163

31. 『삼국사기』 권 26, 백제본기 무령왕 23년 2월

32. 앞의 책 권 3, 신라본기 소지마립간 8년 정월

33. 김기홍, 앞의 책, pp.92~95

34. 이문기, 「신라 군사조직 연구의 성과와 과제」, 『역사교육논집』 12, 1988, p.166

35. 『고려사』 권 71, 악지 2, 삼국속악, 선운산

36. 『삼국유사』 권 2, 기이2, 효소왕대 죽지랑

37. 『삼국사기』 권 27, 백제본기 무왕 31년 2월

백제의 산업

1. 백제초기의 권농기사는 『삼국사기』 온조왕 13년 5월, 14년 2월, 38년 3월조에 보이고 있다.

2. 무안 양장리유적에서 출토된 석기류는 돌도끼·돌끌·돌촉·숫돌 등이 있고, 목기류는 목제가래·낫자루·목제괭이·절구공이·지게 작대기 등이 출토되었다(이영문·이정호·이영철, 『무안 양장리 유적』, 목포대학교 박물관·무안군·한국도로공사, 1997, pp.246~272).

3. 4세기 이후 농토목구의 종류와 기능에 대해서는 다음의 글을 참고하였다.

   이현혜, 「삼한사회의 농업생산과 철제 농기구」, 『역사학보』 126, 1990, pp.63~64

   천말선, 「철제농구에 대한 고찰」, 『영남고고학』 15, 1994, pp.3~17

   홍보식, 「농기구와 부장유형」, 『한국고고학보』 44, 2001, pp.69~82

   박호석·안승모, 『한국의 농기구』, 어문각, 2001, pp.40~65

4. 전덕재, 앞의 글, p.18

5. 김원룡 외, 「양평 대심리 유적발굴보고」, 『팔당·소양댐수몰지구 유적발굴 종합조사보고』, 문화재관리국, 1974, pp.224~225

6. 최무장, 「가평군 이곡리 철기시대 주거지 발굴보고서」, 『건국대 인문과학논총』 12, 1979 참조

7. 윤용진, 「중원하천리 F지구 유적발굴조사보고」, 『충주댐수몰지구문화유적 발굴종합보고서』 고고·고분 분야 (2), 충북대학교 박물관, 1984, pp.397~407. 발굴 보고자는 이 유적에서 출토된 'U'자형 쇠삽날을 초기 철기시대의 것으로 이해하였으나, 'U'자형 쇠삽날은 남한지역의 경우 대부분 4~5세기에 집중 출토되고 있어서 4세기 이후의 것일 가능성이 높다.

8. 화양지구유적조사발굴단, 『화양지구유적발굴조사보고』 제1차, 1977 참조

9. 주) 7 및 차용걸 외, 『청주신봉동 백제고분군 발굴조사보고서 – 1990년도 조사–』, 충북대학교 박물관, 1990, p.207 및 『청주 신봉동 고분군』, 충북대학교 박물관, 1995 참조 ; 「신봉동 백제토광묘 출토 철제유물」, 『백제연구』 21, 1990, pp.297~298

10. 전영래, 「임실, 금성리석곽묘군」, 『전북유적조사보고』 3, 전라북도 박물관, 1972, p.26

11. 전영래, 『남원, 월산리고분군발굴조사보고』, 원광대학교 마한·백제문화연구소, 1983, pp.41~42

12. 김광언, 앞의 글, p.67

13. 이융조·차용걸, 『청주신봉동 백제고분군 발굴조사보고서』, 충북대학교 박물관, 1983, pp.32~45

14. 서성훈·성낙준, 『海南月松里造山古墳』, 국립광주박물관 학술총서제4집, 1984, p.35

15. 김원룡·임영진, 『석촌동 3호분 동쪽고분군 정리조사보고』 서울대학교 고고인류학총간 12책, 서울대학교 박물관, 1986, pp.16~17

16. 전북대학교 전라문화연구소, 「남원 세전리유적 지표수습유물보고」, 『전라문화논총』 1, 1986, p.183

17. 김광언, 「신라시대의 농기구」 『민족과 문화』 1(정음사, 1988), p.56

18. 화양지구유적발굴조사단, 앞의 책, pp.22~26

19. 김영배·한병삼, 「서산 대산면 백제토광묘 발굴보고」 『고고학』 2, 1966, pp.58

20. 李殷昌, 「農工具」, 『韓國考古學』, 河出書房新社, 1972, p.220

21. 이현혜, 『한국 고대의 생산과 교역』, 일조각, 1998, pp.147~174

22. 전덕재, 「4~5세기 농업생산력의 발달과 사회변동」, 『역사와 현실』 4, 역사비평사, 1990, pp.27~28 및 이현혜, 앞의 책, pp.175~214

23. 木村正雄, 『中國古代農民叛亂の研究』, 東京大出版會, 1979, p.54. 우경을 행할 경우 따비로 밭을 갈 때보다 약 17배 정도의 경작능력이 향상된다는 연구도 참고된다(중국농업과학원·남경농학원 중국농업유산연구실 편, 『中國農學史』〈상〉, 과학출판사, 1984, p.153).

24. 신라는 지증왕 3년(602)에 국가적인 차원에서 우경을 적극적으로 장려한 것으로 보고 있다(李春寧, 『李朝農業技術史』, 한국연구원, 1964, p.17 : 전덕재, 앞의 글, p.25 : 안병우, 앞의 글, p.278).

25. 중국농업과학원·남경농학원 중국농업유산연구실 편, 앞의 책 참조 ; 전덕재, 앞의 글, p.27

26. 『삼국유사』 기이2, 제3 노례왕

27. 『삼국사기』 신라본기 지증왕 3년 3월

28. 길림성문물지편위회, 『집안현문물지』, 1984, p.209

29. 화양지구유적발굴조사단, 『화양지구유적발굴조사보고』, 1977

30. 서울대학교 박물관, 『몽촌토성』, 1988, p.33
    최종택, 「구의동유적 출토 철기에 대하여」, 『서울대학교 박물관년보』 3, 1991, pp.17~20

31. 한국 선사시대에서 백제시대에 이르는 관개 수리시설에 대한 주요 발굴조사와 전문적인 연구는 다음과 같다.
    곽종철, 「한국과 일본의 고대 농업기술」, 『한국고대사논총』 4, 한국고대사회연구소, 1992 ; 「선사·고대 稻 자료 출토유적의 토지조건과 도작·생업」, 『고문화』 42·43, 1993 ; 「우리나라 선사~고대 논밭유구」, 『한국 농경문화의 형성』, 한국고고학회 편, 학연문화사, 2002
    김도헌, 「선사·고대 논의 관개시설에 대한 검토」, 『호남고고학보』 18, 2003

32. 손준호, 「논산 마전리유적 C지구 발굴조사성과」, 『21세기 한국고고학의 방향』 제24회 한국고고학전국대회발표요지, 2000, pp.133~153

33. 이홍종·강원표·손준호, 『관창리유적 -B·G구역』, 고려대학교 매장문화재연구소, 2001

34. 박양진·김경규, 『천안 장산리유적』, 충남대학교 박물관, 1996 ; 『상록리조트골프장 증설부지 내 천안 장산리유적 2차발굴조사 약보고서』, 2000

35. 이영문 외, 『무안 양장리유적』, 목포대학교 박물관·무안군·한국도로공사, 1997

36. 충남대학교 백제연구소, 『구룡-부여 간 도로확장 및 포장구간 내 문화유적 발굴조사 약보고서』, 2001

37. 신광섭 외, 「부여 궁남지 제2·3차 발굴조사개보」, 『고고학지』 5, 1993
    최맹식·김용민, 「부여 궁남지 내부 발굴조사개보 -백제목간출토 의의와 성과-」, 『한국상고사학보』 20, 1995
    국립부여문화재연구소, 『궁남지』 학술연구논총 제21집, 1999

38. 박순발·이성준, 『부여 합송리유적』, 충남대학교 백제연구소·대전지방국토관리청, 2004

39. 박순발·이성준·정원재, 『대전 노은동유적』, 충남대학교 백제연구소·한국토지공사, 2004

40. 有光敎一, 「羅州반남면신촌리9호분발굴조사기록」, 『朝鮮學報』 94,

1980, p.144

41. 차용걸, 앞의 글, pp.298~304

42. 『수서』권 81, 열전 46, 동이, 신라. '농경지가 비옥하여 수륙겸종을 한다'는 기사인데 이에 대한 여러 견해가 제기되고 있다. 이 기사를 단순히 '논과 밭이 있다'로 해석하는 견해가 있으나, 6세기 이후 신라의 농업을 보리와 벼의 이모작으로 이해하거나 또는 논농사와 밭농사를 매년 교대로 실시하는 회한농법으로 이해하는 견해가 있다. 이는 논과 밭의 전환을 통해 수확량 감소를 극복하고 나아가 농업 생산의 증산을 목적으로 실시하는 토지이용의 차원에서 이해할 수 있다.

43. 논밭 전환의 목적에 대해서는 이호철, 「『農書輯要』의 농법과 그 역사적 성격」, 『경제사학』 14, 1990과 곽종철, 앞의 글, 2002, pp.61~62을 참조할 것.

44. 飯沼二郎, 「五世紀における農業革命」, 『日本のなかの朝鮮文化』 20, 1973, p.59

45. 이진희, 「고대 조일관계사 연구와 무령왕릉」, 『백제연구』 특집호, 1982, pp.64~69
    森浩一, 「일본 내의 도래집단과 그 고분」, 앞의 책, pp.111~114
    飯沼二郎, 앞의 글, pp.58~59

46. 八賀晉, 「古代における水田開發」, 『日本史研究』 96, 1966, p.4 ; 「古代の農耕と土壌」, 『古代の日本』 2, 1972, pp.25~27

47. 조현종·장재근, 「광주 신창동유적 -제1차조사개보-」, 『고고학지』 4, 1992

국립광주박물관, 『광주 신창동 저습지유적 I』, 1997

48. 미사리선사유적발굴조사단, 『미사리』 제3권, 숭실대학교 박물관, 1994 및 『미사리』 제4권, 서울대학교 박물관, 1994

49. 곡물자료나 논과 밭유구에 대한 종합적인 개관과 도표는 다음의 글을 보충하여 참고하였다.

안재호, 「한국 농경사회의 성립」, 『한국고고학보』 43, pp.41~66

곽종철, 「우리나라의 선사~고대논밭유구」, 『한국농경문화의 형성』, 한국고고학회편, 학연문화사, 2002, p.93

김병섭, 「한국의 고대 밭유구에 대한 검토」, 『고문화』 62, 2003, pp.3~28

50. 서울대학교 박물관, 『흔암리주거지』 I·II·III·IV, 서울대학교 고고인류학총서, 1972~1977

이백규, 「흔암리출토 유물에 대하여」, 『윤무병박사회갑기념논총』, 1984

51. 국립중앙박물관, 『송국리』 I·II·III·IV·V, 1979·1986·1987·1991·1993

김영배·안승주, 「부여송국리 요령식동검출토 석관묘」, 『백제문화』 7·8, 1975

52. 전남대학교 박물관, 『주암댐수몰지역문화유적발굴조사보고서』 VI,

1989

53. 최성락, 『해남 군곡리패총』 Ⅰ·Ⅱ·Ⅲ, 목포대학교 박물관, 1987
    ~1989

54. 조현종·장재근, 「광주 신창동유적 -제1차조사개보-」, 『고고학지』
    4, 1992
    국립광주박물관, 『광주 신창동 저습지유적 Ⅰ』, 1997

55. 諸橋轍次, 『大漢和辭典』 권 8, p.27

56. (재)충청매장문화재연구원, 『서천 송내리유적 약보고』, 1999

57. 기전문화재연구원, 『화성 동탄택지개발사업(9지점) 발굴조사 지도
    위원회 및 현장설명회자료』, 2004. 6. 18

58. 미사리선사유적발굴조사단, 『미사리』 제3권, 숭실대학교 박물관,
    1994 및 『미사리』 제4권, 서울대학교 박물관, 1994
    최종택, 「미사리 백제 취락의 구조와 성격」, 『호서고고학』 6·7합
    집, 2002, pp.141~162

59. (재)충청문화재연구원, 『국도4호선 부여-논산 간 도로 확·포장공
    사 구간(부여 나성)내 유적검토위원회 및 Ⅱ·Ⅲ·Ⅳ지역 현장설명
    회자료』, 2004. 10

60. 남강유적발굴조사단·경상남도, 『남강선사유적』, 1998
    경상대학교 박물관, 『진주 대평리 옥방2지구 선사유적』, 1999
    이형구, 『진주 대평리 옥방5지구 선사유적』, 2001

61. 서울대학교 박물관, 『흔암리 주거지』 4, 서울대학교 고고인류학총

간 8, 1978, pp.30~31

62. 이현혜, 『한국 고대의 생산과 교역』, 일조각, 1998, p.239

63. 곽종철, 「한국과 이론의 고대 농업」, 『한국고대사논총』, 1992, pp. 69~71

안승모, 「한반도 선사농경연구의 성과와 과제」, 『한·중원시농경문화의 제문제』, 한국고대학회 학술발표회 발표요지, 1995, p.13

64. 주) 47 참조

65. 한병삼, 「선사시대 농경문청동기에 대하여」, 『고고미술』 112, 한국미술사학회, 1971, p.8 ; 최덕경, 「고대한국의 한전 경작법과 농작제에 대한 일고찰」, 『한국상고사학보』 37, 한국상고사학회, 2002, pp.1~28

66. 최덕경, 앞의 글, 2002, pp.3~4

67. 미사리유적에 대한 주요 연구업적은 다음과 같다.

최종택, 「미사리출토 밭의 구조와 연대에 대하여」, 『서울대학교 박물관연보』 5, 1993

최종택, 「미사리 백제 취락의 구조와 성격」, 『호서고고학』 6·7합집, 2002

선사유적발굴조사단, 『미사리』 1~5권, 1994

김기흥, 「미사리 삼국시기 밭유구의 농업」, 『역사학보』 146, 1995

최덕경, 「고대한국의 한전경작법과 농작제에 대한 일고찰」, 『한국상고사학보』 37, 2002

68. 김기홍, 「미사리 삼국시기 밭유구의 농업」, 『역사학보』146, 1995, pp.6

　　전덕재, 「백제 농업기술 연구」, 『한국고대사연구』15, 1999, pp.87~90

　　최덕경, 앞의 글, 2002, p.17

69. 주) 39 참조

70. 미사리 하층밭의 고랑에 심은 작물에 대하여 수수나 피로 보는 견해(전덕재, 앞의 글, 1999, pp.91~92), 콩이나 팥으로 보는 견해(최덕경, 앞의 글, 2002, pp.20~22)가 있으며 상층밭은 조(김기홍, 앞의 글, 1995, p.20)나 陸稻(전덕재, 앞의 글, 1999, p.92)로 보고 있다.

71. 박지원, 『과농소초』경간조

72. 민성기, 「조선전기의 맥작기술고-『농사직설』의 종맥법 분석」, 『부대사학』4, 1980

73. 김기홍, 앞의 글, 1995, pp.10~12 ; 전덕재, 앞의 글, 1999, p.83

74. 권오영, 「삼한사회 '국' 의 구성에 대한 고찰」, 『한국고대사연구』10, 1995, p.37

75. 하층유구를 一易田으로 보고 상층유구를 常耕 단계의 밭으로 보아 5~6세기 무렵에 이미 상경화가 진전된 것으로 보는 견해가 있다(김기홍, 앞의 글, 1995, pp.1~41).

76. 고려대학교 매장문화재연구소, 『논산마전리유적』, 1999 및 2004

손준호, 「논산 마전리유적 C지구 발굴조사 성과」, 『한국고고학의 방향』, 한국고고학회, 2000, pp.133~153

77. 충남대학교박물관, 『천안 장산리유적』, 1996 : 『상록리조트골프장 증설부지내 천안 장산리유적 2차발굴조사 약보고서』, 2000

78. 충남대학교 백제연구소, 『구룡-부여 간 도로확장 및 포장구간내 문화유적 발굴조사 약보고서』, 2001

79. 신광섭 외, 「부여 궁남지 제2·3차 발굴조사개보」, 『고고학지』, 한국고고미술연구소, 1993, pp.191~210

80. 宮嶋博史, 「朝鮮農業史における十五世紀」, 『朝鮮史叢』 3, 1980, p.46
이태진, 「15·6세기 저평·저습지 개간동향」, 『국사관논총』 2, 1989, pp.137~138

81. 강진철, 『고려토지제도사연구』, 고려대학교 출판부, 1980, pp.394~395

82. 백제의 논농사와 수리관개시설에 대한 전문적인 연구는 거의 없는 편이나 부분적으로 언급한 주요 연구는 다음과 같다.
양기석, 「경제구조」, 『한국사』 6, 국사편찬위원회, 1995
이현혜, 「삼한사회의 농업생산과 철제 농기구」, 『역사학보』 126, 1990 ; 「한국 고대사회의 국가와 농민」, 『한국사 시민강좌』 6, 일조각, 1990 ; 「삼국시대의 농업기술과 사회 발전」, 『한국상고사학보』 8, 1991 ; 『한국 고대의 생산과 교역』, 일조각, 1998
전덕재, 「4~6세기 농업 생산력의 발달과 사회변동」, 『역사와 현실』

4, 역사비평사, 1990 ;「백제 농업기술 연구」,『한국고대사연구』15, 1999

곽종철,「한국과 일본의 고대 농업기술」,『한국고대사논총』4, 한국 고대사회연구소, 1992 ;「선사·고대 稻 자료 출토유적의 토지조건 과 도작·생업」,『고문화』42·43, 1993 ;「우리나라 선사~고대 논 밭유구」,『한국 농경문화의 형성』, 한국고고학회 편, 학연문화사, 2002

83. 서울대학교 박물관,『흔암리 주거지』4, 서울대학교 고고인류학총 간 8, 1978, pp.30~31

84. 국립중앙박물관,『송국리』1, 국립중앙박물관 고적조사보고 제11 책, 1979, pp.137~140

85. 전영래,「부안지방 古代圍郭유적과 그 유물」,『전북유적조사보고』4 ; 전라북도 박물관, 1975, p.43. 부안 土山里에서는 토기에 찍힌 콩 의 낱알 자국이 발견되었다(앞의 글, p.3).

86. 安田喜憲 外,「韓國における環境變遷史と農耕の起源」,『韓國におけ る環境變遷史』, 1980 참조

87. 이현혜, 앞의 글, 1991, pp.51~52 및 곽종철, 앞의 글, 1992, pp.79~90

88. 윤무병,「김제 벽골제 발굴보고」,『백제연구』7, 1976, p.11

89. 이병도,『역주 삼국사기』, 을유문화사, 1977, p.36

90. 강진철,「공전·사전의 차율수조의 문제」,『고려토지제도사연구』,

고려대학교 출판부, 1980, pp.394~395

91. 『삼국사기』 권 23, 백제본기 온조왕 33년 춘하

92. 앞의 책, 온조왕 37년 하 4월

93. 보리농사 피해(온조왕 28년 하 4월, 기루왕 14년 춘 3월, 고이왕 14
    년 하)와 콩농사 피해(기루왕 23년 추 8월)에 관한 기사가 『삼국사
    기』 백제본기 초기 기록에 여러 차례 보인다.

94. 백제의 수공업 발달에 관해서는 다음과 같은 연구가 있다.

    백남운, 앞의 책, pp.242~256

    유원동, 「한국 상공업사」, 『한국문화사대계』 2, 고대 민족문화연구
    소, 1965, pp.995~1003

    홍희유, 『조선중세수공업사연구』, 과학백과사전출판부, 1978,
    5~68 ; 지양사영인본, 1988

    손영종 · 조희승, 『조선수공업』 〈1〉, 공업출판사, 1990, pp.114~146 ;
    백산자료원 영인본

    임영주, 「한국고대공장고 1」, 『문화재』 25, 1992, pp.60~72

    박남수, 「신라수공업사연구」, 동국대학교 박사학위논문, 1993

95. 『삼국지』 권 30, 위서 30, 동이 30, 한

96. 앞의 책, 변진, 및 『후한서』 권 85, 동이열전 75, 한

97. 이건무, 『중도』 I, 국립박물관 고적조사보고 12, 1980 ; 지건길 ·
    한영희, 『중도』 III, 국립박물관 고적조사보고 14, 1982 ; 박한설 ·
    최복규, 「중도적석총발굴보고」, 『중도발굴조사보고서』, 강원대학

교 박물관, 1982

98. 윤용진, 「중원 하천리 F지구 유적발굴조사보고 −1983 · 1984년도−
」, 『충주댐수몰지구문화유적발굴조사보고』 고고 · 고분분야 〈2〉,
충북대학교 박물관, 1984, pp.386~485

99. 『일본서기』 권 9, 신공기 52년 추 9월

100. 곡나를 황해도 곡산이나 전남 곡성으로 비정하는 견해가 있으나
충주지역이 고대 이래 유명한 철산지인 점을 감안하여 충주로 비
정한다. 『신증동국여지승람』 권 14, 충주목, 토산조에 충주 周連里
에서 철이 산출되고 있는 것으로 기록하였으며, 〈중원 고구려비〉
가 위치하는 가금면에 '무쇠점'이란 지명이 있고, 또 '쇠내'의 뜻
을 가진 達川이 충주를 관통하여 흐르고 있다. 특히 1255년 몽고군
의 6차 침입시 몽고군을 격퇴시킨 곳으로 유명한 고려의 多仁鐵所
가 충주시 이류면으로 비정되는데 이곳에서 41군데의 야철
지 유적을 확인하였다(충주박물관, 『충주 이류면 야철유적』,
1996).

101. 『古事記』 中卷, 應神天皇 國主の歌 · 百濟の朝貢

102. 이현혜, 「4세기 가야사회의 교역체계의 변천」, 『한국고대사연구』
1, 1988, p.163

103. 박남수, 앞의 글, p.26

104. 『일본서기』 권 11, 인덕기 41년 춘 3월

105. 홍희유는 삼국의 수공업을 관청 수공업과 민간 수공업으로 나누

고, 전자는 관청 수공업, 궁정 수공업, 成 수공업으로, 후자는 개별적 수공업자, 농민 수공업자, 개별적 봉건세력들의 수공업으로 다시 세분하였다(앞의 책, pp.21~33).

106. 『일본서기』 권 21, 숭준기 원년

107. 박남수, 앞의 글, pp.74~80

108. 『수서』 권 81, 열전 46, 동이, 백제 및 『한원』 백제

109. 『일본서기』 권 19, 흠명기 15년 2월

110. 김주성, 「백제 사비시대 정치사 연구」, 전남대학교 박사학위논문, 1990, p.58

111. 『삼국유사』 권 3, 탑상 4, 황룡사 9층탑

112. 문화재관리국, 『무령왕릉』, 삼화출판사, 1973, pp.29

113. 『신당서』 권 220, 열전 145, 동이, 신라

114. 『삼국사기』 권 1, 신라본기 유리니사금 9년 춘

115. 앞의 책, 권 47, 열전 7, 素那

116. 『삼국유사』 권 5, 감통 7, 廣德 · 嚴莊

117. 홍희유, 앞의 책, p.16

118. 김영배 · 한병삼, 앞의 글, p.58

119. 이남석, 『오석리유적』, 공주대학교박물관 · 한국도로공사, 1996

120. 『일본서기』 권 9, 신공기 46년 춘 3월

121. 이 방면에 대한 주요 연구업적은 다음과 같다.
    이남규, 「남한 초기철기문화의 일고찰 ―특히 철기의 금속학적 분

석을 중심으로-」, 『한국고고학보』 13, 1982, pp.39~60

윤동석·신경환, 「한강유역의 초기철유물에 대한 금속학적 해석」 『대한금속학회지』 19-8, 1981, pp.661~674

윤동석, 『한국초기철기유물의 금속학적연구』, 고려대학교 출판부, 1984 및 『삼국시대철기유물의 금속학적 연구』, 고려대학교 출판부, 1989

122. 노태천, 「4세기대 백제의 초강기술」, 『백제연구』 28, 1998, pp.49~63

123. 백제의 무기에 대해서는 다음의 연구가 참고 된다.

김기웅, 「무기와 마구」, 『한국사론』 15, 1985, pp.145~152

김성태, 「백제의 병기」, 『백제연구』 26, 1996, pp.275~337

성정용, 「중서부지역 3~5세기 철제무기의 변천」, 『한국고고학보』 42, 2000, pp.107~142

124. 권오영, 「4세기 백제의 지방통제방식의 일례」, 『한국사론』 18, 1988, pp.23~27

이한상, 「삼국시대 환두대도의 제작과 소유방식」, 『한국고대사연구』 36, 2004, p.280

125. 이원복, 『청주신봉동A지구널무덤발굴조사보고』, 충북대학교 박물관, 1990, pp.367~371

126. 홍사준, 「문헌에 나타난 백제산업」, 『백제연구』 3, 1972, pp.49~50

127. 박남수, 앞의 글, pp.37~38

128. 梅原末治,「羅州潘南面の寶冠」,『朝鮮學報』14, 1959, pp.477~488

129. 국립문화재연구소, 『익산 입점리고분 발굴조사보고서』, 1989, pp.29~30

130. 박순발, 『한성백제의 탄생』, 서경, 2001, pp.237~238

131. 輕部慈恩,『百濟美術』, 寶雲舍, 1945, pp.221~225

132. 최몽룡,「최근 발견된 백제향로의 의의」,『한국상고사학보』15, 1994, pp.459~463
    전영래,「향로의 기원과 형식변화」,『백제연구』25, 1995, pp.153~186

133. 박남수, 앞의 글, pp.38~39

134. 문화재관리국, 앞의 책, pp.20~21

135. 『삼국사기』권 24, 백제본기 고이왕 27년 2월

136. 『일본서기』권 14, 웅략기 14년 춘정월 및 동 15년

137. 당시 포 1필의 시가는 租穀 30석 내지 50석이었다고 한다(『삼국유사』권 1, 기이 2, 태종 춘추공).

138. 박남수, 앞의 글, p.69

139. 국립중앙박물관, 『한국 고대의 토기』특별전 도록, 1997, pp.18~20

140. 백제토기의 발달과정에 대해서는 다음의 연구가 참고 된다.
    안승주,「백제토기의 발달과 그 특징」,『백제의 조각과 미술』, 공주대학교 박물관, 1991, p.299

김종만, 『사비시대 백제토기 연구』, 서경, 2004

141. 이하 백제 사비시대의 토기에 관한 종류와 제작 등에 대해서는 김
     종만, 앞의 책, pp.56~185을 참고하였다.

142. 서성훈, 「백제호자 2례」, 『백제문화』 12, 1979

143. 최병현, 「진천 삼룡리유적 발굴조사보고」, 『중부고속도로문화유
     적 발굴조사보고서』, 충북대학교 박물관, 1986, pp.243~254

144. 국립부여박물관, 「부여 정암리 가마터」 Ⅱ, 『부여국립박물관고적
     조사보고』 2책, 1988 및 4책, 1992 참조

145. 앞의 책, 1992, p.123

146. 삼한과 백제시대의 대외교역에 대한 주요 연구업적은 다음과 같
     다.
     최몽룡, 「고대국가 성장과 무역」, 『한국고대의 국가와 사회』, 일조
     각, 1985
     이현혜, 『한국 고대의 생산과 교역』, 일조각, 1998
     윤용구, 「삼한의 대중교섭과 그 성격」, 『국사관논총』 85, 1999
     권오영, 「백제의 대중교섭의 진전과 문화 변동」, 『강좌 한국고대
     사』 4, 가락국사적개발연구원, 2003
     임기환, 「한성기 백제의 대외교섭 -3~5세기를 중심으로-」, 『한
     성기 백제의 물류시스템과 대외교섭』, 학연문화사, 2004

147. 이현혜, 「삼한 및 삼국의 교역활동」, 『한국 고대의 생산과 교역』,
     일조각, 1998, p.287

148. 임기환, 「한성기 백제의 대외교섭 -3~5세기를 중심으로-」, 『한성기 백제의 물류시스템과 대외교섭』, 학연문화사, 2004, p.100

149. 박순발, 「한성백제의 대외관계」, 『백제연구』 30, 1999

150. 이 하호를 전문 상인으로 보는 견해가 있다(정경희, 「선삼국시대 사회와 경제」, 『동방학지』 41, 1984, p.55).

151. 한대에 만들어진 오수전이 제주도 용담동 고분, 거문도, 마산, 의창 등에서 발견되었고, 왕망의 신나라 때 사용된 大泉五十·貨泉·貨布 등이 해남 군곡리·제주 산지항·김해 회현리에서 각각 출토된 바 있다(최몽룡, 「상고대의 서해교섭사 연구」, 『국사관 논총』 3, 1989, pp.18~21).

152. 서울대학교 박물관, 『석촌동3호분동쪽고분군 정리조사보고』, 서울대 고고인류학총간 12, 1986, p.36

153. 임영진, 「서울 석촌동출토 백제칠기와 중국칠기와의 관계」, 『진단학보』 66, 1988, pp.196~199

154. 몽촌토성발굴조사단, 『몽촌토성발굴조사보고』(서울대학교 박물관, 1985, p.140

155. 임기환, 앞의 글, 2004, p.108

156. 권오영, 「4세기 백제의 지방통제방식의 일례」, 『한국사론』 18, 서울대학교 국사학과, 1988 ;「백제국에서 백제로의 전환」, 『역사와 현실』 40, 2001

157. 권오영, 앞의 글, 2003, pp.12~25 ;『무령왕릉』, 돌베개, 2002

158. 秋山日出雄, 「中國都城と日本 −建康都城について−」, 『激動の古代 東アジア』, 帝塚山考古學研究所, 1995, pp.57~73

周裕興, 「남조문화와 백제」, 『고대 동아세아와 백제』, 충남대학교 백제연구소, 서경, 2003, pp.246~248

159. 윤무병, 「산성·왕성·사비도성」, 『백제연구』 21, 1990, p.10

160. 『삼국사기』 권 17, 고구려본기 미천왕 즉위년